Original title: **Lecciones de cosas: un universo de andar por casa**
Copyright © 2024 Ediciones Modernas El Embudo, S.L.
Written by Gustavo Puerta Leisse
Illustrated by Elena Odriozola
The Korean translation rights arranged through Rightol Media
(Email:copyright@rightol.com)

이 책의 한국어판 저작권은 Rightol Media를 통해 저작권자와 독점 계약한 봄나무가 소유합니다.
저작권법에 의하여 한국 내에서 보호를 받는 저작물이므로 무단 전재와 무단 복제를 금합니다.

모든 것마다 작은 우주 같아요

초판 발행 2025년 4월 24일
글 구스타보 푸에르타 레이스 | **그림** 엘레나 오드리오솔라 | **옮김** 주하선

펴낸이 김기옥 | **펴낸곳** 봄나무 | **아동본부장** 박재성
마케터 서지운 | **제작** 김형식 | **지원** 고광현
디자인 푸른나무디자인 | **인쇄·제본** 민언프린텍
등록 제313-2004-50호 (2004년 2월 25일)
주소 121-839 서울시 마포구 양화로 11길 13 (서교동, 강원빌딩 5층)
전화 02-325-6694 | **팩스** 02-707-0198 | **이메일** info@hansmedia.com
봄나무 인스타그램 https://www.instagram.com/_bomnamu

도서 주문 한즈미디어㈜ | **주소** 121-839 서울시 마포구 양화로 11길 13 (서교동, 강원빌딩 5층)
전화 02-707-0337 | **팩스** 02-707-0198
ISBN 979-11-5613-225-7 73870

- 이 책 내용의 일부 또는 전부를 사용하려면 반드시 저작권자와 봄나무 양측의 동의를 얻어야 합니다.
- 책값은 뒤표지에 있습니다.
- 잘못 만들어진 책은 구입하신 서점에서 교환해 드립니다.

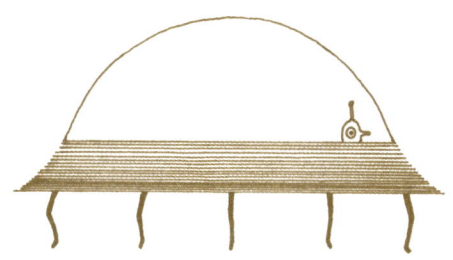

꼬리에 꼬리를 무는 사물들의 비밀
모든 것마다 작은 우주 같아요

구스타보 푸에르타 레이스 글 | 엘레나 오드리오솔라 그림 | 주하선 옮김

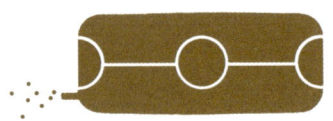

호기심 가득하셨던 내 아버지와
그가 갖고 계셨던 모든 사물에 깃든 추억에
이 책을 바칩니다.

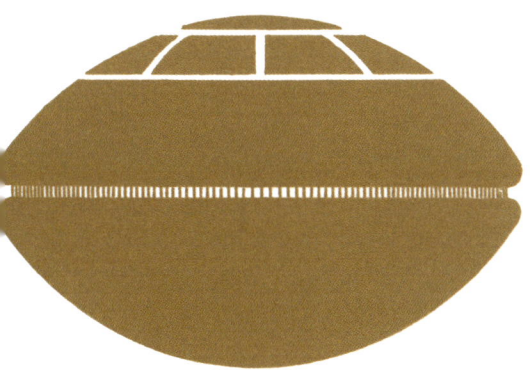

"사물을 보고 싶어.
하지만 그걸 꿰뚫어 보게 돼."
후안 라몬 히메네스

"우리의 일상과 뒤섞여 있는 사물들은
눈에 잘 띄지 않아.
그것들이 이 세상에 있었던 짧은 시간을
증명할 수 있는 단어를 한마디로 말하거나
어쩌다 우연히라도 떠올리지 않는다면
그 사물들은 기억나지 않는 꿈처럼
사라지고 말 거야."
호세 블랑코 와이트

목차

단추 14

운전대 22

공 28

프리스비 34

주사위 40

벽돌 46

저금통 52

서문

(읽기 귀찮다면 건너 뛰어도 돼.)

사람들은 종종 물건을 하찮게 여기곤 해. 하지만 잘 생각해 봐. 이 세상에 하찮은 물건이란 건 없어. 작은 돌멩이는 물론이고, 종이 한 장, 비 한 방울, 십 원짜리 동전 하나에도 우주가 깃들어 있거든. 우주는 우리가 아직 알지 못하는 흥미롭고 복잡한 세계들로 이루어져 있어. 우리에게 수만 가지 질문과 가설, 이론을 세우게 할 뿐만 아니라 다양한 생각들도 떠올리게 하지. 각각의 수많은 사물마다 존재하는 우주는 우리에게 궁금증을 불러일으켜. 주변에 있는 사물뿐만 아니라 우리의 본능적인 호기심에도 불을 지피지. 그런 것들을 하나하나 알아 가다 보면 우리가 경험할 수 있는 영역의 폭이 더 넓어지는 거야.

단순히 무언가를 보는 것이 그걸 주의해서 관찰하는 것과 다른 것처럼, 그냥 듣는 것과 귀 기울여 듣는 것도 엄연히 달라. 마찬가지로 냄새를 맡는 것과 그 냄새가 뭔지 구분해 가며 어떤 냄새인지 아는 거나 무언가를 만지는 것과 촉각을 이용해 판단하는 것이 같을 순 없어. 음식을 먹는 것과 맛을 음미하며 먹는 것도 다르지. 두 행

얘는 루카예요.

얘는 리베예요.

그럼 나는?

위 사이의 차이는 우리가 그 대상에 어느 정도 주의를 기울이느냐에 달렸어.

이렇게 어떤 대상에 주의를 기울이려면 우리가 그것에 흥미가 있거나 호기심이 생겨야 해. 그 대상에 흥미와 호기심을 느낄 때 그것이 특별해지는 거지. 그 대상이 우리를 일깨워 주기 때문에 유일하고 매혹적인 무언가가 되는 거야. 그러면 우리는 그 대상에 대해 더 많이 알고 싶고, 더 깊이 알고 싶고, 더 잘 이해하고 싶어지. 하지만, 이 모든 과정은 정말 자연스럽게 이뤄져서 우리가 주의를 기울이고 있다고 전혀 생각하지 못하게 해. 우리가 무언가를 주의 깊게 보고 듣고 느끼기 위해 모든 감각을 열고 잠시 그 시간과 공간 안에 멈추어 있다는 사실조차(우리는 흔히 이걸 '집중하고 있다'고 말해.) 깨닫지 못하게 하는 거야. 물건을 수집하거나, 기술을 연마하거나, 무언가를 직접 만드는 일, 새 또는 별을 관찰하는 일 같은 것들은 정말 많은 준비와 노력이 필요해. 게다가 어려움에 부딪힐 때도 많아. 실패를 극복해야 할 때도 있고, 무엇보다 완벽하게 그 일을 마치기 어렵다는 현실을 받아들여야 할 때도 있어.

그럼에도 우리가 그 일에 열정을 쏟으며 집중한다는 건 큰 의미가 있어.

이 책에는 우리 주변에서 흔히 볼 수 있는 사물들에 아주 특별한 주의를 기울여서 얻어 낸 결과물을 담았어. 쉽게 발견할 수 있는 일상의 사물들을 온 감각을 동원해서 느끼는 데 집중했더니 이전에는 보이지 않던 것들이 보이기 시작한 거야. 그전까지 별 의미 없던 것들이 주의를 기울이고 나니까 의미가 생긴 거지. 우리가 집중했던 사물들이 변한 게 아니었어. 내가 그것들을 다르게 보기 시작한 거야. 내게 일어난 작지만 의미 있는 변화는 내가 그 사물에 주의를 기울이기 시작한 것뿐이었어.

나는 이 책에 등장하는 모든 사물들에 대해 곰곰이 생각했고, 관련된 것들에 대해 끊임없이 질문하고 대화하면서 이 글을 썼어. 그렇게 하는 동안 이 작은 사물들을 통해 많은 걸 배울 수 있었지. 그리고 주의를 기울일 준비만 되어 있다면 우리 곁에 있는 온갖 사물들에서 수많은 깨달음을 얻을 수 있다는 사실도 알게 됐어.

단추

단추는 둥글게 생긴 게 가장 좋아. 네모난 단추는 잠그기 어렵고 세모난 단추는 쉽게 빠질 수 있거든. 둥근 단추는 잠그기도 쉽고 풀기도 쉬워. 단춧구멍에 쉽게 넣고 뺄 수 있게 가장자리로 갈수록 두께가 얇아지고, 중간부터는 일부러 끄르기 전까지 절대 풀리지 않도록 두꺼워지지.

단추는 옷에 튼튼하게 달려 있어. 실을 단추에 있는 네 개의 구멍 이쪽저쪽으로 여러 번 통과시키면 단추 위에 여러 개의 선으로 만들어진 기하학적인 무늬가 생겨나지. 그래서 단추를 잘 여미면 옷이 잘 벗겨지지 않아. 특히 치마나 바지가 그렇지. 티셔츠나 스웨터처럼 단추가 필요 없는 옷도 있지만, 치마나 바지는 잠그는 단추가 없다면 흘러내리기 십상일 거야. 잠깐 방심하다가 살짝 엉덩이가 드러날 수도 있으니까.

단추는 보통 두 개씩 달려 있는 경우가 많아. 물론 한 개로도 충분히 제 역할을 하는 경우도 있지만, 옷을 여밀 때는 대개 홀수로 여러 개의 단추가 필요하지. 근데 남성용 셔츠의 단추는 오른쪽에 달려 있고, 여성용 셔츠의 단추는 왼쪽에 달려 있다는 거 알고 있었니? 옷 만드는 사람들은 왜 남녀 공용 옷의 단추를 양쪽에 번갈아 달 생각은 하지 않는 걸까?

바지 둘레는 입는 사람의 엉덩이나 허벅지 둘레보다 커야 해. (그렇지 않으면 아예 안 들어갈 수 있어.)

단추를 다는 데 필요한 재료:

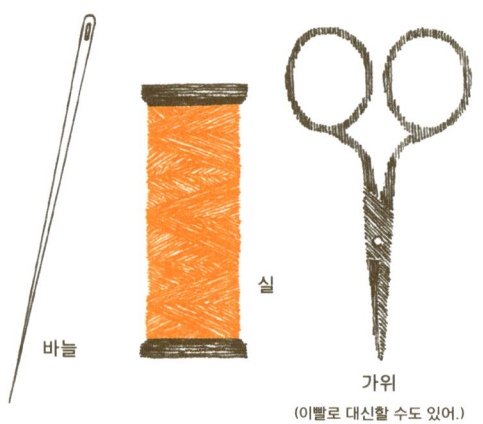

바늘
실
가위
(이빨로 대신할 수도 있어.)

하지만 다리가 바지 안으로 다 들어간 뒤에는 몸에 착 달라붙게 잡아 줘야 해. 그래야 바지를 입고도 흘러내릴 걱정 없이 걷거나 뛸 수 있거든. 단추가 있어야 편하게 바지를 입고 다닐 수 있지. 상황에 맞게 단추를 잠그거나 끄른다면 옷을 헐렁하게도 몸에 꼭 끼게도 입을 수 있어. 날이 쌀쌀하면 옷을 여미기 위해 단추를 잠그고, 더우면 단추를 풀러 시원하게 입는 거지.

단추가 제 역할을 하려면 단춧구멍이 꼭 있어야 해. 단춧구멍은 단추가 있어야 할 자리에 딱 맞는 단추의 짝꿍이지. 근데 단춧구멍에게는 나름 슬픈 사연이 있어. 혼자서는 아무 역할도 하지 못하거든. 단추가 없다면 단춧구멍은 의미 없는 구멍일 뿐이야. 무언가를 끼워 고정하는 역할을 하기 위해 만들어졌기 때문이지. 아무리 제자리에 맞도록 치밀하게 계산해서 만들어지고 올이 풀리지 않게 정성스럽게 마감되었다 해도 단추가 없다면 그냥 구멍일 뿐이야. 반면에 단추는 달라. 옷을 입은 사람과 일종의 소통을 할 때도 있거든. 만약 단추를 고정한 실이 느슨해지면 그 옷을 입은 사람은 행여나 단추가 떨어지지 않을까 내내 걱정할 거야. 혹시 단추가 떨어져 잃어버리기라도 한다면 가구 밑을 뒤지거나 잃어버린 것과 최대한 비슷한 단추를 구하기 위해 노력도 해야 하지.

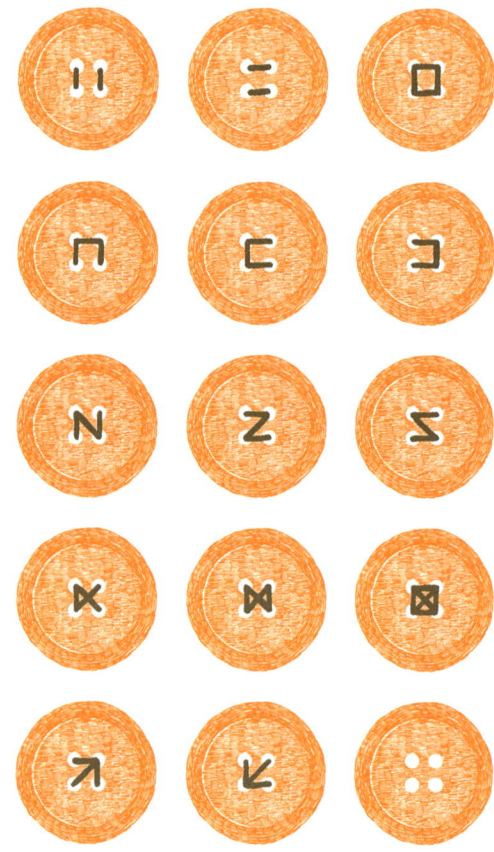

단추를 꿰매는 여러 방법

단추의 크기, 두께, 재질, 색, 구멍의 개수, 입체감, 심지어 표면의 굴곡에 이르는 모든 게 중요해. 셔츠 단추는 테두리가 가운데 부분보다 살짝 더 높아. 다림질할 때 뜨거운 열기로부터 실을 보호하기 위해서지.

대부분의 단추는 눈에 띄지 않지만 어떤 단추는 기능보다 장식 역할을 하는 경우도 있어. 특히 군복 단추가 그렇지. 군복 단추에는 군대를 상징하는 무늬나 그림이 새겨져 있는 경우가 많아.

단추로
목걸이를
만들어 봐!

그래서 군복 단추를 수집하는 사람들도 있대. 청바지에 달린 단추에도 그림이 새겨져 있어. 특이한 건 단추가 실로 꿰매져 있지 않고 버섯처럼 불룩 튀어나온 채로 바지에 박혀 있다는 점이지. 단추의 역사에서 똑딱단추가 발명된 건 거의 혁명적인 사건이었어. 의복 문화에 엄청난 변화를 가져온 똑딱단추 때문에 단춧구멍은 할 일을 잃고 말았어.

단추는 봄에 땅을 비집고 올라오는 새싹처럼 단춧구멍을 쏙 통과해서 머리를 내밀지. 그래서 일까? 옛날 프랑스 사람들은 단추를 꽃봉오리를 뜻하는 'bouton'이라고 불렀대. 스페인에서도 프랑스 사람들처럼 단추를 'botón(식물의 순 또는 꽃봉오리)'이라고 불렀어. 하지만 영어권 사람들은 이런 시적인 표현을 버리고 단순하게 'button'이라고 했지. 엘리베이터의 숫자 버튼이나 노래가 흘러나오는 스피커의 볼륨 조절 장치, 주차장 문을 열 때 누르는 스위치, 옷을 빨 때 사용하는 세탁기 버튼과 똑같이 여긴 거야.

단추의 재료와
단추를 만드는 장인들

아주 잠깐 존재하는 단추 박물관

이 박물관에 너희와 너희 가족, 친구가 갖고 있는 가장 값지고, 의미 있고, 놀랍도록 예쁜 단추들을 전시해서 고유한 이름 하나 없는 이 사물을 기리는 자리로 만들어 봐. 너희가 가진 단추들을 아름답게 전시하고, 각각의 단추가 가진 사연도 잘 담아서 성심성의껏 준

비하길 바랄게. 개막식을 열고 초대장을 보내고 마실 것과 먹을 것도 준비해 두렴. 멋진 단추를 보러 분명 사람들이 많이 모일 거야.

운전대

인간은 문제를 해결하는 놀라운 능력을 가졌어. 하지만 동시에 새로운 문제도 만들어 냈지. 더 멀리, 더 빨리 가기 위해 발명한 자동차는 사람들의 삶을 더 편리하게 만들었지만, 자동차 때문에 이전에는 하지 않아도 됐던 새로운 도전을 해야 했어. 바퀴가 빠질 위험이 있는 흙길 대신 이동하기 쉬운 아스팔트 도로를 만들어야 했거든.

그렇게 도로를 새로 깔고 고속도로와 다리, 터널도 건설했어. 자동차를 안전하게 운행하기 위한 표시와 규칙이 필요해서 신호등을 설치하고 교통 법규도 만들었지. 그리고 늘어난 자동차를 움직일 연료를 넣기 위해 여기저기 주유소가 생겨났어. 멋지게 만들어진 주유소는 새로운 시대의 상징과도 같았지. 하지만, 그 배후에는 경제뿐만 아니라 정치에까지 영향을 미치게 된 거대한 석유 산업이 자리하게 되었단다.

자동차 드라이브를 하기 위해 필요한 수많은 장치들에 대해 생각해 볼까? 모든 자동차에 달려 있는 백미러부터 석유 운반 차량이나 기계 세차장까지. 그중에서도 자동차를 움직이려면 절대 없어서는 안 될, 가장 기본 장치인 운전대가 있어.

말을 타는 기수에게는 고삐가, 사이클 선수에게는 자전거 핸들이, 선장에게는 키가, 비행기 조종사에게는 방향타가 있지. 그리고 운전하는 사람은 운전대를 손에 쥐어야 해. 모두 각자에게 주어진 장치를 이용해 팔의 움직임만으로 손쉽게 원하는 방향으로 나아가는 거야. 하지만 조작하는 방법은 다 달라. 어떤 것은 가죽끈이고, 어떤 것은 철제 프레임이고, 또 어떤 것은 바퀴 모양이지. 흥미로운 건 자동차 운전대와 선박의 키는 그 모양이 비슷한데, 비행기의 방향타는 자전거 핸들과 더 비슷하게 생겼다는 점이야. 자동차 운전대는 비교적 간단하게 조작할 수 있어. 오른쪽으로 가고 싶으면 오른쪽으로 돌리면 되고, 왼쪽으로 가고 싶다면 왼쪽으로 틀면 되거든. 직진하려면 운전대를 똑바로 유지하면 돼. 후진도 별반 다르지 않아. 하지만, 운전대 크기에 따라서 조작하는 방법이 약간 다를 수 있어. 운전대 크기가 크면 커브를 돌 때 더 많이 돌려야 해. 운전대가 작으면 조금만 틀어도 자동차의 방향을 바꿀 수 있겠지. 자동차의 기능이 다양해지면서 운전대 옆에 많은 버튼이 생겨나고 있어. 가장 중요한 건 누가 뭐라 해도 경적 버튼일 거야. 운전… 잘하는 거 맞지?

운전대는 안이 빈 바퀴 모양의 중앙부와 가장자리를 연결하는 몇 개의 핸들 살로 이루어져 있어. 가끔 운전대의 비어 있는 부분이 운전대 자체보다 시각적으로 훨씬 예쁘게 느껴질 거야. 주의 깊게 살펴 보면 그 빈 공간의 모양이 매우 흥미롭게 보이거든. 실루엣이 아름답다고나 할까. 운전대는 원의 형태를 띠는 대칭 구조야. 반으로 자른다면 완벽하게 똑같은 두 조각이 되겠지.

이상적인 운전대는 촉감이 좋아야 해. 견고하지만 손에 느껴지는 감촉이 딱딱하지 않아야 하지. 두께는 엄지와 검지로 만든 동그라미보다 가늘어야 해. 표면은 미끄럽지 않고 손에 착 감기는 재질로 되어 있는 게 좋아.

운전대가 예쁘다면 더할 나위 없겠지만, 그렇다고 지나치게 아름다우면 안 돼. 왜냐하면 그 아름다움에 취해 멍하니 감상하느라 도로 상황에 집중하지 못해 사고가 일어날 수도 있으니까.

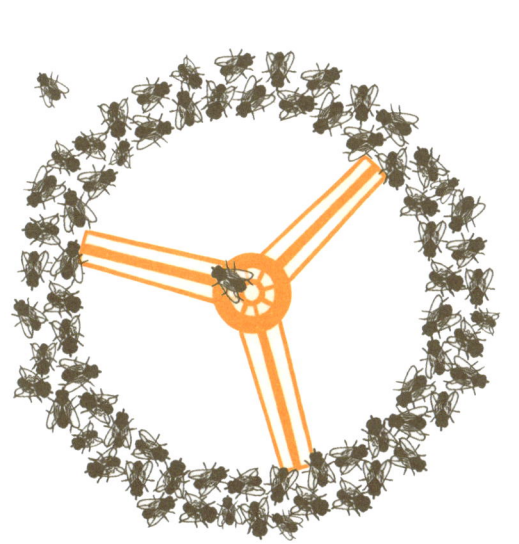

존재 불가능한 운전대들

새나 모기, 비행기, UFO는 길이 없는 하늘 위를 날아다녀. 우리는 도로 위를 굴러가는 바퀴의 힘으로 앞으로 나아가는 자동차를 운전대로 운전하지. 어떤 물체가 매우 빠르게 움직이면 '날아온다'고 하잖아. 자동차를 타고 날아올 수는 없지만 속도를 빠르게 올려서 이동할 수는 있어. 이럴 때 자동차의 방향을 결정하는 필수 장치가 바로 운전대야. 새나 모기, 비행기에는 없는 둥근 운전대가 우리 손 안에 있는 거지. UFO에도 운전대가 있을까? 그걸 알 수 없으니 '미확인비행물체'라고 하지.

35

용감무쌍한 운전자들을 위한 곡선 도로를 만들어 보자

기름종이에 대고 이 도로 조각들을 그려 조합한 다음 나만의 서킷을 완성해 보자.

설명이 필요 없을 거야. 공이 어떤 물건이고 무엇에 쓰는지 모르는 사람은 없으니까. 공은 놀이할 때 쓰는 물건이야. 구르고 튀어 오르는 게 공의 가장 두드러진 특성인데, 이것 때문에 우리는 원하는 대로 공을 굴리려고 노력하지. 어떤 때는 미사일처럼 직선으로 날아가길 원하고, 어떤 때는 휘어지길 원해. 가끔은 떨어지는 지점에 상관없이 최대한 멀리 보내기를 원할 때도 있고, 반대로 짧고 간결하게 움직이길 바랄 때도 있어. 하지만 원하는 거리가 있거나 어떻게 움직이든, 공이 이동하는 건 한 지점에서 다른 지점을 향해 다른 이들보다 먼저 공에 힘을 가한 사람이 있기 때문이야.

객관적인 시선에서 보면 공은 사람이 만들어 낸 모든 발명품 가운데 가장 신기한 것 중 하나야. 그리고, 공의 움직임에 미친 듯이 반응하는 사람들이 이 지구상에 수백수천만 명 넘게 존재한다는 사실이 터무니없어 보일 때도 있어. 정말이지 제정신이 아닌 사람들 같아.

세상에는 온갖 종류의, 다양한 취향에 맞는 공들이 있어.

손으로 가지고 노는 공, 발로 차는 공, 특정한 도구를 이용해 쳐내는 공이 있지. 손으로 하는 공놀이에서는 대개 공을 허공에 띄워 땅에 닿지 않게 하면서 즐기지. 이와 달리 발로 하는 공놀이에서는 거의 대부분 공이 지표면을 스치면서 움직여. 그리고 방망이나 라켓 같은 특정한 도구를 이용하는 공놀이에서는 공을 사정없이 때리면서 놀지.

공놀이를 할 때 한 지점에 머물러야만 하는 공도 있어. 여러 개의 공이 서로 부딪히는 경우도 있고, 공으로 무언가를 쓰러뜨릴 수도 있지. 상대방이 받아 치지 못할 정도로 공을 힘껏 밀어내는 경우도 있어. 또 높게 던진 공이 허공에 머무는 동안 춤추고 연기하고 점프하고 텀블링을 한 다음 떨어지는 공을 완벽하게 잡아내기도 해. 더러는 수영을 하면서, 말 위에서, 휠체어를 타고 공놀이를 하기도 해. 그리고 이 모든 공놀이를 하는 상황에는 상대편이 공을 만지는 걸 극도로 싫어하는 사람(가장 경계해야 해)이 꼭 있게 마련이야.

구슬과 다양한 크기의 공들

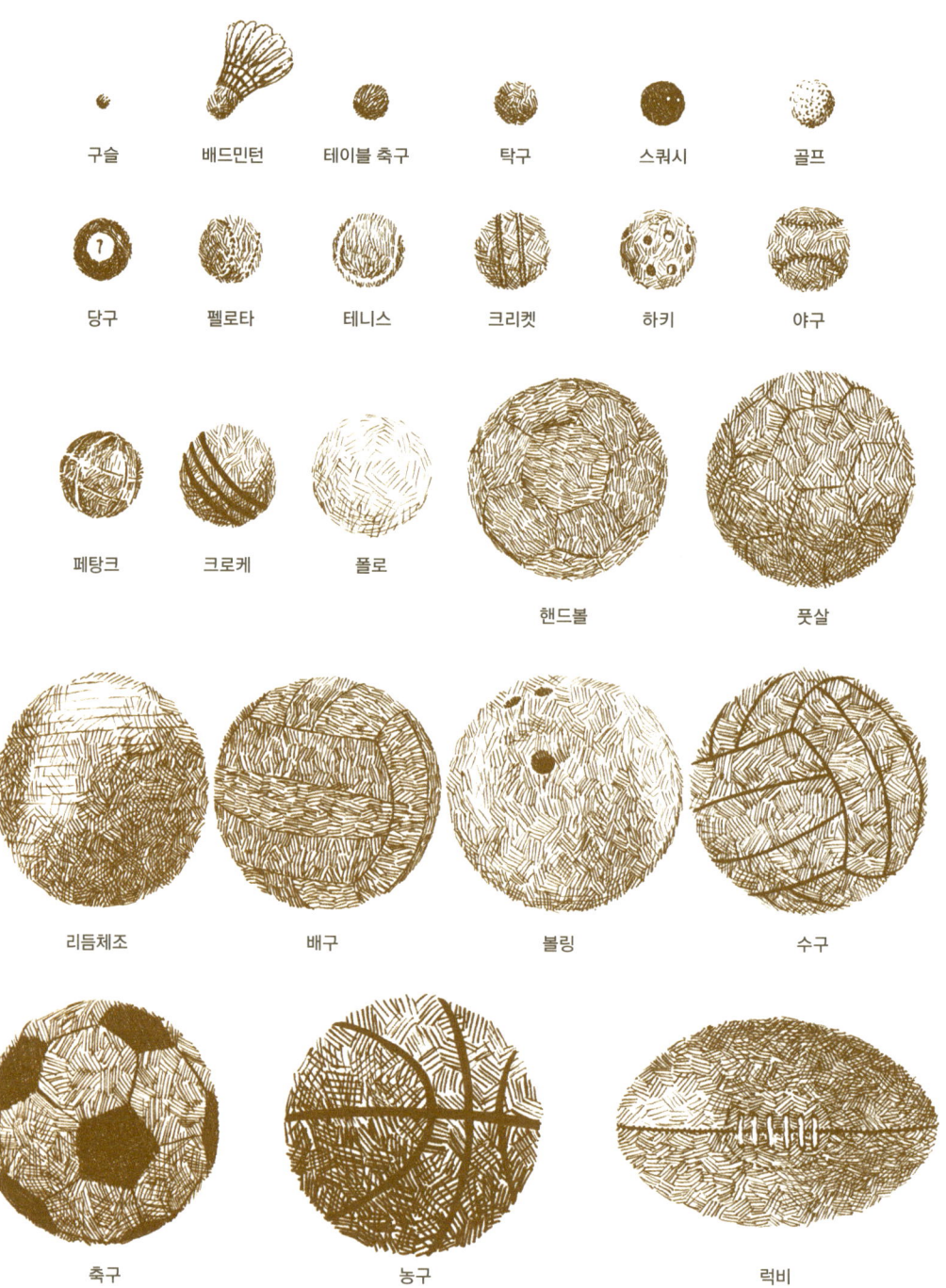

방대한 공 컬렉션을 가졌다고 상상해 봐. 어떻게 정리해야 할까? 우선 모양(완벽한 구의 형태인지 아닌지에 따라)이나 재질(가죽, 고무, 유리 혹은 우레탄) 또는 크기처럼 눈에 보이는 특징을 기준으로 분류할 수 있을 거야.

그리고 공을 손으로 만져 보고 무게를 가늠한 다음, 튕겨 보는 방법도 있어. 손가락으로 잡는 게 가능한지, 공이 손에 꽉 차는지, 아니면 두 손을 다 사용해야 하는지 시험해 보는 거지. 생전 처음 볼링공을 만졌다고 가정했을 때 우리는 이렇게 찬찬히 분석하는 방법을 통해 엄지와 중지, 약지를 구멍에 넣어 볼링공을 잡아야 가장 안정적이라는 걸 알 수 있을 거야. 또 야구공은 한 손으로 꽉 차게 잡아야 더 효과적으로 던질 수 있고, 농구공은 한 손으로 드리블할 수는 있지만 슛을 넣어야 할 때는 양손을 사용해야 더 낫다는 걸 알 수 있겠지.

속이 빈 공인지 속이 꽉 찬 단단한 공인지 구별하려면 소리가 나는지 몇 번 두드려 보면 금방 알 수 있어. 미각이나 후각은 아무런 도움이 되지 않아. 하지만 미루어 짐작하건대 테니스공, 럭비공, 비치발리볼 공은 그 맛이 아주 다를 거야.

31

올림픽 구기 종목과 이에 사용되는 갖가지 공들

공마다 해당하는 운동 종목이 있어. 그리고 각 종목별로 공을 다루는 방식이나 공의 움직임, 반작용을 묘사하는 고유한 표현이 사용되지. 예를 들어 배구에서는 서브, 리시브, 세트업, 스파이크, 블로킹, 수비 등과 같은 용어가 쓰이고 있어. 그리고 테니스에서는 서브, 포핸드, 백핸드, 로브, 발리, 슬라이스, 드롭샷, 스매시 등과 같은 용어를 쓰고, 농구에서는 레이업, 자유투, 점프 슛, 원핸드슛, 러닝슛, 풀업 점퍼, 덩크슛, 엘리웁 등과 같은 용어를 사용하지.

이런 용어들을 듣는 건 매우 흥미롭지만 스포츠 상식이 전혀 없다면 그 의미를 유추하거나 새로운 나만의 용어를 만들어 내는 것도 하나의 재미가 될 수 있어.

저글링을 배워 보자

우선 손을 팔꿈치 높이에 두자. 공을 대각선 위로 던져서 부드럽게 이어지는 동작으로 다른 손을 이용해 받은 다음 다시 던지자. 시선을 위에 두고, 아치를 그리며 움직이는 공에서 눈을 떼지 않아야 해. 완벽하게 하려면 며칠 걸릴 수 있어.

공 한 개로 하는 게 익숙해졌다면 공 두 개로 시도해 보자. 양손에 공을 하나씩 쥐고 우선 한 개를 던지는 거야. 공이 가장 높은 지점에 도달했을 때 다른 공을 던져. 1번 공을 받은 다음에는 2번 공을 받아. 이번에는 2번 공을 먼저 던진 다음 1번 공을 던져. 공을 던지고 받는 움직임이 최대한 부드럽게 연속적으로 이루어져야 해. 인내심을 잃지 않게 힘을 내면서 계속해 보는 거야.

이제 공 세 개로 도전해 보자. 한 손에는 공 두 개를, 다른 손에는 공 한 개를 쥐는 거지. 1번, 2번 공을 차례로 던지고 1번 공을 받은 다음 3번 공을 던져. 그런 다음 2번 공을 받고 1번 공을 다시 던지고 3번 공을 받고, 2번 공을 던지고 1번 공을 받고 3번 공을 던지고… 말로 설명하려니까 너무 복잡하네. 아마 너희가 나보다 훨씬 더 잘할 거라 믿어.

프리스비

손에 들고 있다가 놓으면 모든 사물이 그러하듯 바닥으로 떨어지고 말아. 하지만 제대로 잡고 도움닫기를 한 다음 손목을 뒤로 젖혔다가 목표하는 방향을 향해 힘껏 팔을 앞으로 뻗어 빠르게 던지면 프리스비는 우아한 곡선을 그리며 안정적으로 날아갈 거야. 프리스비는 물리적인 형태만 놓고 보자면 공과 전혀 다른, 납작한 접시처럼 생겼어. 하지만 가지고 노는 방식은 주고받는다는 점에서 공과 비슷하지. 내가 던질 때는 상대방이 받기 곤란하게 날려야 하고, 내가 받아야 할 때는 무슨 수를 써서라도 땅에 떨어지기 전에 잡으려고 노력해야 해. 높이 뛰어오르기도 하고 다이빙도 하면서 떨어지는 원반을 향해 전속력으로 달려가는 거지. 프리스비는 무기로 사용되는 부메랑과도 달라. 공통점이라면 프리스비와 부메랑이라는 이국적인 이름, 기체역학적인 디자인, 회전력 그리고 하늘을 날게 하는 '양력'이라는 힘이라고 할 수 있겠지.

프리스비 던지는 법을 배우는 건 어렵지 않아. 하지만 잘 날리기 위해선 기술이 필요하지. 아

무런 요령 없이 던지고 받는 게 아니야. 프리스비 고수는 다리, 골반, 팔, 팔꿈치, 손목 그리고 손가락으로 이어지는 움직임을 물 흐르듯 부드럽게 하면서 원반이 날아가는 데 필요한 동력과 방향성을 만들어 내거든. 그리고 다양한 묘기를 부리기도 하지. 프리스비가 앞으로 날아가다가 후진하게 한다거나 위로 던져도 알아서 아래로 낙하하게 하기도 하고, 허공에서 다양한 곡선을 그리며 날아가게도 하지 그런 다음 섬세한 동작으로 잡는 거지. 프리스비가 손에 들어오는 순간 원반 안쪽 부분을 살짝 밀어 완전히 잡기 전에 그 반동으로 다시금 날아가게 하는 거야.

이런 묘기는 원한다면 누구나 할 수 있어. 최대한 많이 던지고 받아 보면 돼. 주변에 깨질만한 창문이 있는 건 아닌지, 다칠 수 있는 나무나 행인은 없는지 잘 살피면서 연습하면 돼. 특히 가까이 돌아다니는 개가 있는지 조심해야 해. 공기를 가르며 날아가는 프리스비를 발견하는 순간 미친 듯이 뛰어올라 입으로 잡아 버릴 개가 한두 마리가 아닐 테니까.

프리스비 완벽하게 날리는 법

그렇게 보이지 않을 수도 있지만 프리스비는 하나의 날개야. 새나 비행기의 날개와는 많이 다르지만 날 수 있다는 기능적인 면에서는 거의 같거든.

단순하기 그지없는 이 물건도 나는데 인간은 왜 날 수 없는 걸까? 그 답은 물리학에서 찾을 수 있어. 또 인간은 왜 스스로의 힘으로 날 수 없는지에 대한 설명도 얻을 수 있지.

우리는 물리 법칙을 연구하며 행글라이더, 비행기, 우주선처럼 하늘을 나는 물체들을 개발하는 데 기본이 되는 지식을 얻었어. 프리스비는 모든 비행 물체 중에서 가장 단순해. 단순하기 때문에 아름답지. 비록 플라스틱 조각에 불과하지만 그 형태에는 기하학적인 간결한 아름다움이 있고, 그 움직임은 물리 법칙에 대해 많은 생각을 하게 하지. 무엇보다 모든 유행을 뛰어넘는 장난감이기도 해. 공중을 날 수 있고, 인간의 손이나 개의 주둥이로 받을 수 있거든.

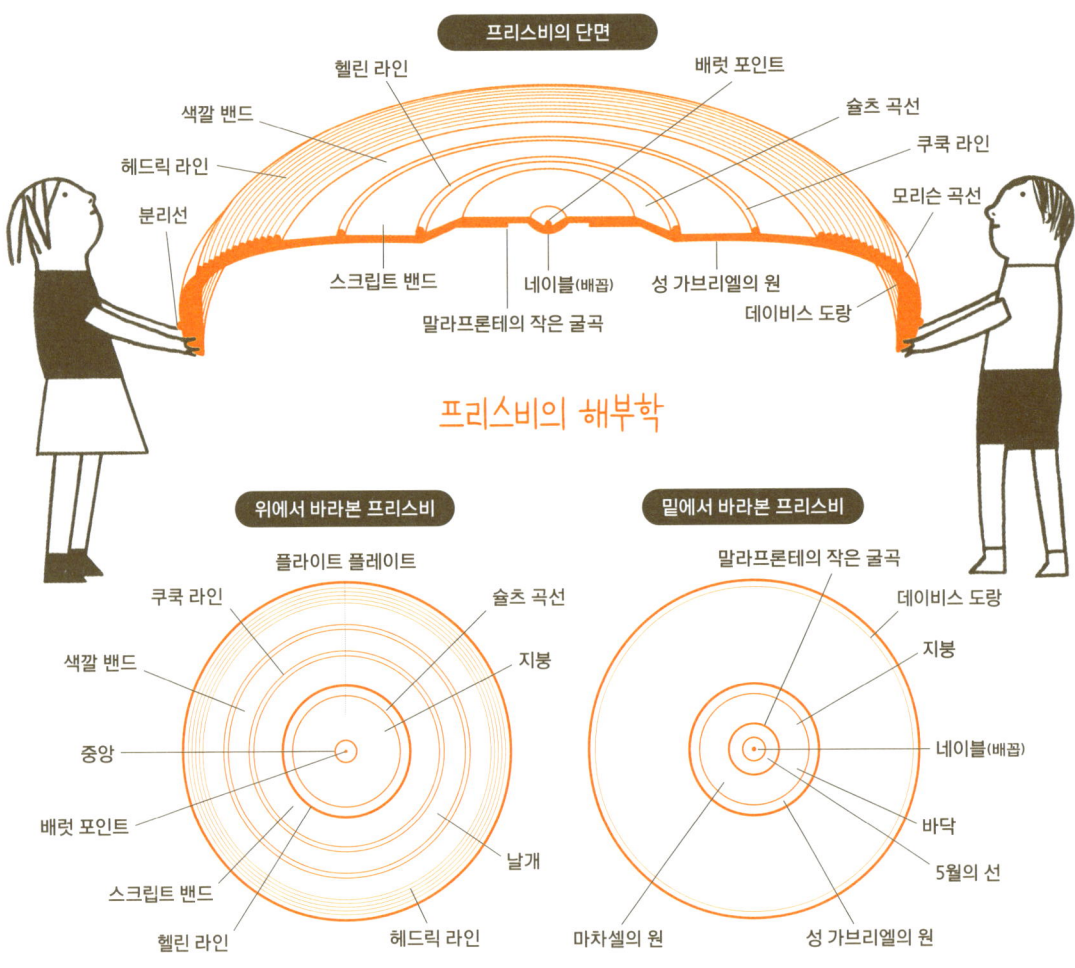

어떤 사람들은 외래어 사용을 극도로 싫어해. 축구 대신 풋볼이라는 단어를 사용하는 사람들을 향해 비난을 퍼붓는 터무니없는 행동을 하지는 않겠지. 하지만 프리스비라는 외래어를 듣는 순간 눈살을 찌푸릴 게 분명한 사람들이 있어. 이들이 좋아하는 표현은 원반이야. 충분히 맞는 표현이지만 그렇다고 해서 프리스비라는 단어를 사용하는 게 잘못되었다고 말하는 것도 바람직하다고 볼 순 없어. 영어 원어 발음에 좀 더 가깝게 프리즈비라고 표기하자고 하는 사람들도 있어. 큰 차이는 없는 것 같애.

프리스비라는 이름이 만들어진 배경은 매우 흥미로워. 전해지는 이야기에 따르면, 1904년 미국에서 청년들이 Frisbie Pie Company라는 제빵 회사의 케이크를 먹고 남은 받침을 던지고 놀았던 것에서 비롯된 이름이래. 그로부터 100년도 넘게 지난 오늘날 지구 곳곳에서 프리스비가 날아다니고 있는 거야.

이것들은 프리스비가 아니라 미확인비행물체야

주사위

큐브 모양의 물건이야. 딱딱하고 가볍지. 여기저기 부딪혀도 깨지지 않고 구를 수 있어야 해서 견고해야 해. 누구나 한 손으로 던질 수 있게 무겁지도 않아야 해. 우리는 주사위를 아무 목적 없이 굴리지 않아. 주사위를 던지는 데에는 항상 의도가 있고, 바라는 결과가 있어.

주사위로 배우는 확률

**두 개의 주사위를 동시에 던졌을 때,
다음과 같은 조합이 나올 확률은?**

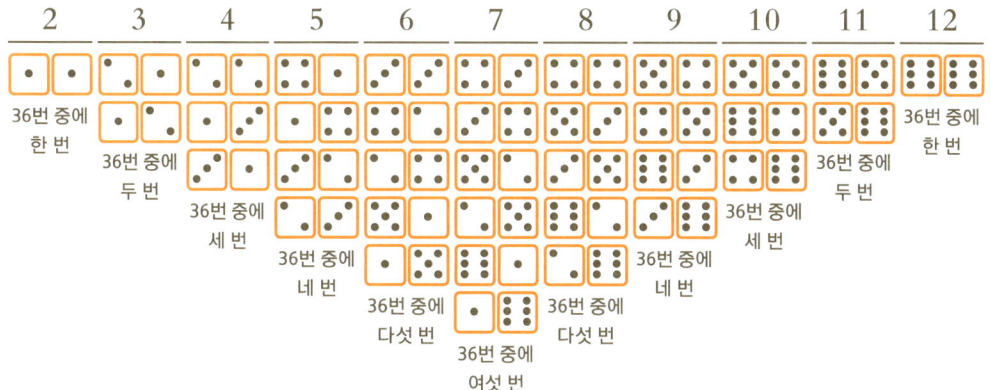

지극히 단순한 사물처럼 보이지만 사실 주사위는 단순하지만은 않아. 주사위를 던지는 행위와 관련해서 여러 가지 생각을 해 볼 수 있기 때문이지. 예를 들어, 우주에서 주사위를 던진다고 가정해 보자. 이 경우 주사위는 쓸모가 없어. 중력이 없다면 주사위는 던져진 후 어딘가에 떨어지거나 구르지 않고 공중에 떠 있을 거니까. 수중에서도 비슷해(수영장에서 충분히 실험해 볼 수 있어). 주사위가 제 기능을 가장 똑똑히 할 수 있는 곳은 지구의 땅 위에서야. 중력은 주사위에게 있어 없어서는 안 될 필수 조건이지.

주사위는 미래의 불확실성과 관련이 있어. 우리는 불과 몇 초 뒤에 무슨 일이 일어날지조차 알 수 없잖아. 마찬가지로 주사위를 던질 때 우리는 어떤 숫자가 나올지 몰라. 나올 수 있는 숫자는 여섯 개 중 하나일 테고. 그 여섯 개 중에서 우리의 마음이 가는 숫자가 하나라도 있겠지. 그 숫자가 나올 거라고 단순하게 믿어 볼 수도 있어. 하지만 또 그렇게 단순하기만 한 것도 아니야.

예를 들어 볼까? 5가 나오길 바라며 주사위를 던졌을 때 원하는 숫자가 나올 확률은 6분의 1이야. 첫 시도가 실패하더라도 크게 신경 쓸 필요 없어. 다시 던지면 되니까. 확률은 커졌지만 숫자 5는 나오지 않아. 이렇게 실패가 거듭되면 될수록 다음 기회에 5가 나올 확률은 높아지지. 하지만 5가 나오기를 기다리며 평생 주사위만 던지고 있을 수도 있어. 이럴 확률은 드물지만, 불가능하지는 않아.

여기서 얘기하는 확률이란 특정한 숫자가 나올 가능성을 말해. 계산할 수 있는 확률이지만 그렇다고 해서 주사위를 굴렸을 때 생각하는 숫자가 나올 거라고 장담할 순 없어. 모든 게 우연이지. 주사위를 든 손에 입김을 불어넣거나 손목을 특이하게 비틀어서 주사위를 던지거나 마법의 주문을 외우는 것도 소용없어. 어떤 행위도 주사위의 결과를 보장하지 못하거든. 단순해 보이는 주사위는 던지면 무작위적으로 떨어지기 때문이야.

6! = 720개의 서로 다른 얼굴을 그려 보자

준비물: 연필, 기름종이, 주사위

주사위를 굴려서 나온 숫자에 해당하는 얼굴 모양을 기름종이에 대고 그려 봐. 주사위를 다시 한번 굴려서
나온 숫자에 해당하는 코 모양을 그리고, 같은 방식으로 눈, 입, 눈썹, 마지막으로 머리 모양을 그리는 거야.
기름종이 한 장을 다 채우거나 연필을 다 쓸 때까지, 혹은 주사위의 점들이 희미해질 때까지 같은 과정을 계속 반복하면 돼.

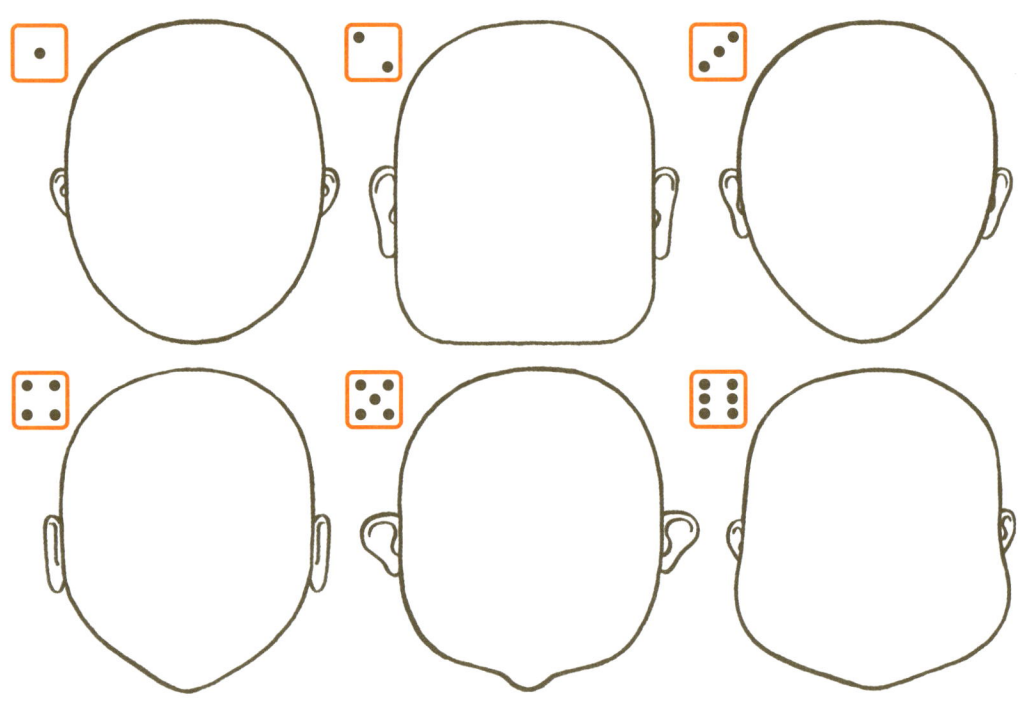

주사위는 정육면체야. 주사위가 구르기를 멈췄을 때 보이는 맨 윗면의 점들이 나타내는 숫자가 주사위를 던진 결과값이지.

주사위의 모든 면에는 연한 바탕색에 가운뎃점이 있어. 한 개부터 여섯 개의 점이 각 면에 자리하고 있지. 딱히 순서가 있는 건 아니지만 점이 한 개 있는 면, 두 개 있는 면, 세 개 있는 면, 네 개 있는 면, 다섯 개 있는 면, 여섯 개 있는 면이 주사위라는 정육면체를 이루고 있어. 숫자 1을 나타내는 면에는 정중앙에 점이 한 개 있는데, 다른 점들보다 커. 숫자 2에 해당하는 면에는 점 두 개가 대각선으로 배치되어 있지. 숫자 3의 면에는 점 세 개가 마찬가지로 대각선으로 있는데, 방향이 반대야. 숫자 4를 나타내는 면에는 점 네 개가 사각형의 꼭짓점 위치에 그려져 있고, 숫자 5의 면에는 마치 4 더하기 1을 상징하듯이 점 네 개가 사각형의 꼭짓점처럼 자리하고, 나머지 한 개는 중앙에 있어. 반면 숫자 6에 해당하는 면에

서 보이는 점의 배치는 더하기보다는 곱하기를 하는 것 같아. 2 곱하기 3 또는 3 곱하기 2. 주사위가 왜 주사위인지는 알 수 없어. 어떻게 이 이름을 갖게 되었는지도 몰라. 사실 중요하지도 않아. 어느 순간엔가 그렇게 합의되었고 다른 어떤 단어라도 합의만 된다면 이 사물을 지칭할 수 있을 거야. 그러면 '주사위'가 아니라 '석류'라고 불릴 수도 있겠지? 물론 이 경우 과일 석류는 다른 이름으로 불러야 하겠지. '딸랑이'라는 이름을 주사위에 붙여 줄 수도 있어. 하지만 좋은 생각은 아닌 것 같아. 아무것도 바꾸지 말고 지금 그대로 주사위를 주사위라고, 석류를 석류라고, 딸랑이를 딸랑이라고 부르는 게 좋겠어. 그 어떤 이름도 가능하겠지만 굳이 새로운 이름을 만들어 낼 필요가 있을까?

벽돌

집을 만드는 데 필요한 재료:

지우개

세밀하게 그릴 때
필요한 사인펜,
연필 또는 붓

쿠션

바위는 사물이고 벽돌은 물건이야. 모든 물체는 사물이고 모든 물건도 사물이지. 하지만 모든 사물이 물건은 아니야. 사물이 물건이 되기 위해서는 어떤 목적에 따라 사람에 의해 만들어지거나 가공되거나 변형되어야 해. 그러므로 점토는 도예가의 손에 의해 컵으로 재탄생되거나, 벽돌공에 의해 벽돌로 빚어져야만 비로소 물건이 되는 거야. 컵이든 벽돌이든 누군가에 의해 구워져야 구체적인 기능을 부여받는 거지. 물론 물건이 되기 위해 모든 물체가 가마에 들어가야 하는 건 아니야. 차이를 만드는 건 새로운 형태와 기능이지.

돌로 벽을 쌓을 수도 있겠지만 벽돌로 하는 게 훨씬 쉬운 일이야. 완벽한 벽을 세우는 건 아무나 할 수 있는 일이 아니거든. 이 분야의 장인이 되기 위해서는 지식뿐만 아니라, 기술과 풍부한 경험이 필요해. 숙련된 벽돌공이 일하는 모습은 매혹적이야. 흙손을 이용해 시멘트를 펴 바르고, 그 위에 한 손으로 벽돌을 놓고, 그 위를 두드려 높이를 맞추고, 삐져나온 시멘트를 제거하는 움직임은 신성하게 보이기도 해. 그리고 그의 움직임에 따라 차곡차곡 올려진 벽돌이 벽을 이루는 거지.

벽 쌓는 일이 끝나면 벽돌은 더 이상 물건도 사물도 아니야. 벽돌은 이제 벽이지. 그렇다면 벽은 사물일까? 물건일까? 이도 저도 아닌가. 벽은 그냥 벽이지. 벽은 방의 경계이고 집을 이루는 한 부분이지. 더 나아가 한 동네, 한 도시, 한 지역, 한 국가의 부분이고 지구와 태양계와 우리 은하의 한 부분이야.

너무 거창한가? 하나의 벽돌이었을 때는 모든 게 쉽고 단순했는데….

벽돌은 매끈하지 않고 거칠어. 가볍다고도 무겁다고도 할 수 없는 적당한 무게야. 또 벽돌 자체를 두고 예쁘거나 밉다고 할 수도 없어. 벽돌의 아름다움은 벽돌로 지어진 결과물에 따라 결정되거든. 이렇듯 벽돌은 중립적인 사물이야. 저장을 위해 거대한 정육면체 형태로 벽돌을 층층이 쌓으면 흡사 현대 조각가의 작품 같기도 해.

벽돌을 만들 때 중요한 건 균일성이야. 벽돌은 모두 같은 형태와 크기, 무게, 색을 지녀야 해. 그래서 틀이 필요하지. 빵처럼 벽돌도 가마에 굽는데, 이 과정에서 축축하고 말랑한 진흙 반죽을 가마 안의 열기가 딱딱하고 네모난 덩어리로 만들어 버려. 이런 빵과 벽돌의 유사성 때문일까? 요리에 소질 없는 사람이 빵을 굽는 데 실패하면 벽돌 덩어리를 만든 거 아니냐는 놀림을 받기도 해. 딱딱한 빵을 먹지도 못하는 건설 자재에 비유하는 건 지나친 과장일 수 있지만, 잘못 구워진 빵이든 벽돌이든 한 입 베어 무는 건 자제하길 바랄게.

기하학적인 벽돌 패턴

주변을 살펴보면 건물마다 특징적인 벽돌 패턴이 보일 거야. 유심히 관찰하면 그 모양이 매우 흥미롭다는 걸 알 수 있지. 주변에서 찾아볼 수 있는 벽돌 패턴을 모눈종이에 그려서 나만의 카탈로그를 만들어 보자.

벽돌의 형태는 일반적으로 매우 흔한 모습이야. 하지만 이 형태를 지칭하는 직육면체라는 용어는 정말 어렵지. 직육면체라는 건 각 면이 모두 직사각형이고, 마주 보는 세 쌍의 면이 각각 평행한 육면체라는 뜻이야. 참고로 신발 상자가 직육면체라는 것도 알아 둬. 마주 보는 면이 완벽하게 대칭인 기하학 도형이거든.

저금통

동전의 액면가는 크기에 비례하지. 그렇다고 단순히 지름의 길이만 크고 작은 게 아니야. 동전의 두께와 무게 그리고 액면에 표기된 금액과도 관련 있어. 하지만 비교할 수 있으려면 동일 국가 또는 동일 지역에서 현재 사용되는 화폐여야 해. 1유로 동전을 1루피아 동전과 비교하는 건 무의미하지. 고대 그리스의 드라크마를 현대에 사용된 그것과 이름이 같다는 이유만으로 비교하는 것도 마찬가지야.

모든 화폐가 그렇듯 동전은 재화의 가치를 가늠하는 데 사용돼. 또 물건을 사거나 한 사람의 부를 측정하는 데도 필요하지. 원하는 만큼 돈을 가진 사람은 흔치 않지만, 주머니 사정에 걸맞지 않게 고가의 물건을 갖고 싶어 하는 사람이 많아. 그런 사람들을 위해 저금통이 발명되었지. 저금통에는 여러 종류가 있어. 모양도 크기도 재질도 매우 다양하지. 공통적인 특징은 동전 구멍 외에 다른 틈은 없다는 거야. 하지만, 가끔 저금통을 깨지 않고도 돈을 꺼낼 수 있는 비밀 구멍이 있는 경우도 있어. 저금통을 생각하면 제일 먼저 떠오르는 건 돼지 저금통이야.

돼지는 말 그대로 돼지처럼 먹는 엄청난 식욕을 갖고 있는 동물이야. 남는 음식물을 주든 차고 넘치는 먹이를 주든 먹는 족족 그대로 살이 찌지. 활동은 거의 하지 않고 날개도 없어. 그리고 때가 되면 도살되어 고기로 변하지. 어느 하나 버릴 게 없는 돼지고기의 훌륭한 맛은 모두를 만족시키지. 이런 면에서 볼 때 꾸준히 먹이를 줘야

하는 돼지보다 저금통을 잘 상징하는 동물은 많지 않은 것 같아. 저금통에 동전을 넣을 때마다 사람들은 전날보다 무거운지 살짝 들어 가늠해 보곤 해. 저금통 안에서 동전끼리 부딪히는 소리를 들으며 저금통을 채워 넣는 매일매일의 기다림이 큰 보상으로 돌아오는 날을 꿈꾸지.

저금통을 깨는 일은 돼지를 도살하는 것과 비슷해. 저금통이 산산조각 나는 건 안타깝지만 고통을 최소화하기 위해 한 번에 정확하게 내리쳐야 해. 저금통이 깨지면서 흩어진 동전과 지폐를 줍는 건 말로 표현하기 힘들 정도로 정말 즐거운 일이야. 그런 다음 다 모아서 액수별로 분류하고 얼마인지 세고 또 확인하는 작업을 거치지. 가끔은 생각보다 금액이 적어서 실망하기도 하지만, 대부분 그동안의 노력과 인내의 결과물로 만들어진 나만의 작지만 소중한 보물이라는 걸 알기에 만족스럽게 받아들이지.

당연한 말이지만 저금통은 동전보다 작으면 안 돼. 그러면 동전이 들어가지 않을 테니까. 하지만 가득 채우는 건 힘들 게 뻔하니까 너무 커도 곤란해. 저금통의 이상적인 크기는 우리의 욕망과 노력 그리고 꾸준함과 관련이 있어. 어른이 되어서도 저금통에 돈을 넣는 사람은 별로 없어. 돼지 저금통을 바라보며 기다리고 인내하고 노력

하는 건 어른스럽지 못하다고 생각해서일까? 어른들은 갖고 싶은 게 있으면 그냥 사면 된다고 생각해. 수중에 충분한 돈을 가졌다면 더할 나위 없을 거고 만약 없다면… 다른 방법을 강구하겠지?

저금통은 우리에게 기발한 생각을 하게 만들어. 저금통을 깨지 않고 동전을 넣는 구멍으로 안에 든 돈을 뺄 수 있는 방법을 찾기 위해 오랜 시간 별의별 아이디어를 떠올려 본 적이 있을 거야. 핀셋을 쓰면 될까? 아니면 철사나 자석을 사용해 볼까? 모든 가능성이 열려 있어. 그리고 그런 창의력은 그 저금통이 내 것이 아닌 형이나 오빠, 언니, 동생의 것일 때 더욱 크게 발휘되겠지? 저금통을 깨는 순간 들고 있는 망치를 들켜서는 안 돼. 돼지 저금통일 때는 더 많이 조심해야 해. 저금통을 무언가로 덮는 걸 추천할게. 그렇게 하면 저금통이 산산조각 났을 때 파편이나 내용물이 튀어서 다치는 것도 방지할 수 있어. 마지막 순간 저금통이 복수에 가득 차 있을 수도 있으니 조심하는 거 잊지 마!

여러 가지 동물 모양의 저금통

당신만의 동전을 디자인하기 위해 알아야 할 모든 것

1. 앞면: 예쁜 그림이 그려져 있어. 위인이나 누군가의 초상인 경우가 많지만 때로는 재미없게도 과거의 왕이나 교황의 얼굴이 그려져 있기도 해. 공화제나 국교가 유일신 종교인 국가의 장점은 화폐에 그려진 군주의 초상을 매일 보지 않아도 된다는 거야.

2. 뒷면: 앞면이 동전의 얼굴이라면 뒷면은… (엉덩이라고 할 수 있을까?) 크기와 무게로 동전의 가치를 가늠하는 걸 믿지 않는 사람들을 위해 동전 뒷면에는 지도나 특정한 상징 그리고 액면가를 나타내는 숫자와 동전의 이름이 새겨져 있어. 즉, 뒷면을 보면 이 작은 금속 조각이 얼마짜리인지 알 수 있지. (그렇다고 있는 그대로 믿으면 안 돼.)

앞면

6. 도안 배경(필드): 주화의 도안 주변 평평한 부분을 일컬어 동전의 빈 공간, 화폐 디자인이 펼쳐지는 무대, 그림이 그려진 캔버스, 미개척지… 라고도 부를 수 있지. 예로부터 은행가들과 상인들은 아무것도 없는 무無의 상태를 극도로 두려워 했대.

7. 조폐소 각인(민트 마크): 주화를 찍은 조폐소의 서명이라고 이해하면 쉬워. 한 글자 각인이 될 수도 있고, 모노그램이나 구체적인 하나의 이미지 또는 동전이 만들어진 곳의 지명이 될 수도 있어. 한 글자 혹은 지명이 각인된 건 동전의 매력이 줄어들지. 반대로 조폐소 각인이 이미지나 모노그램으로 새겨져 있으면 훨씬 흥미로워. 복제도 어렵지. 하지만 조폐소 각인은 있는 듯 없는 듯할 때가 가장 멋진 거 같아.

3. 옆면: 앞면이나 뒷면처럼 눈에 띄진 않지만, 시작도 끝도 없는 기하학적인 패턴이 가진 아름다움을 여기에서 찾아볼 수 있어. 안타깝군 건 속이 텅 빈 거창한 문장들을 새겨 넣어 동전의 옆면을 욕보이는 경우가 더러 있기도 해. 마지막으로 앞면과 뒷면 사이에 있는 이 부분을 동전의 '중간 면'이라고 부르면 어떨까 조심스럽게 제안하고 싶어.

4. 림 & 5. 테두리 무늬: 동전의 림과 테두리 무늬를 헷갈리는 건 바보들이나 하는 짓이야. 마치 인도의 가장자리가 어디인지 구분하지 못하는 것과 같지. 림은 주화를 찍어내는 프레스 기계에 의해 만들어지는 반면, 테두리 무늬는 동전의 중심 디자인의 한 부분이야. 장식적인 요소인 거지. 오늘날에는 이유가 뭐가 됐든(나태 혹은 부주의) 테두리 무늬가 없는 주화가 더 많아졌어. 림은 아직 존재하는데 테두리 무늬는 사라졌다는 게 좀 불공평하다는 생각이 들기도 해.

뒷면

8. 각명부: 동전에 포함되어 있다면 한눈에 알아볼 수 있어. 주화의 앞면 하단 부위에는 주로 숫자가 새겨져 있는데, 이 숫자들은 주화가 생산된 날짜 혹은 연도를 나타내지. 동전이 먼 나라 또는 먼 과거의 어느 한 특정 시대의 것이라면 각명부를 보고 우리가 살고 있는 이곳과는 전혀 다른 시공간을 상상하는 신비로운 체험을 할 수 있어.

9. 서명: 지위가 높은 사람들은 서명하는 걸 좋아해. 서명을 함으로써 본인들이 꽤나 중요한 인물이라고 느끼는 것 같아. 주화에 서명을 하는 사람은 은행장이라고 생각할 수 있지만 사실은 그렇지 않아. 시중에서 쓰이는 동전 하나하나에 일일이 서명하는 건 거의 불가능하기 때문이지. 게다가 금속의 단단한 특성상 작은 서명을 완벽하게 새기는 건 말도 안 되는 일이야.

저금통 대신 동전 금고라는 표현을 사용할 수도 있어. 금고에는 금이나 보석 같은 중요한 물건들을 넣어 두잖아. 그래서 동전 금고라고 하면 마치 엄청난 보물을 숨겨 둔 기분이 들겠지? 보물을 숨겨 둔 금고니까 더 소중하게 여길 거고 말이야. 그렇게 아끼는 금고에 하나둘씩 동전을 채우다 보면 돈이 마술처럼 엄청나게 불어나 있을 거야. 그러니까 저금통을 동전 금고나 보물 상자 같은 말로 부르는 것도 좋은 생각 같아.

작은 저금통에서 큰 저금통으로 돈을 옮겨 주는 기계

태양 빛(a)이 돋보기(b)를 통과하면 한 지점에 집중된 빛이 폭죽의 심지(c)를 태울 거야. 폭죽이 묶어 둔 끈을 따라 위로 올라가기 시작하면 가위(d)의 두 날이 겹쳐질 거고 두 번째 끈이 잘리겠지? 끈이 잘리면서 나타나는 효과는 두 가지야. 우리 문(e1)이 열리고 망치(e2)가 밑으로 떨어지는 거지. 동시에 굶주린 토끼(f)가 당근(g)의 유혹을 뿌리치지 못하고 우리에서 뛰쳐나와 컨베이어벨트(h1)를 작동시키겠지. 그리고 알맞게 떨어진 망치가 작은 저금통(h2)을 깨뜨릴 거야. 다른 한쪽에선 컨베이어벨트에 연결된 풍차(i1)가 돌아가기 시작할 거고, 풍차의 네 날개에 붙어 있는 신발이 용수철(j)에 걸린 풀무(k1)를 연속적으로 누르면 바람이 불 거야. 그러면 작은 저금통이 깨질 때 떨어지면서 바로 밑 망(i2)을 통과한 동전이 모인 바구니(k2)가 움직이겠지. 이때 바구니는 돛단배(l) 위에 놓여 있어. 돛을 밀어 바구니를 이동시키는 동력은 풀무가 일으키는 바람이지. 바구니가 바람을 타고 물이 가득 찬 욕조(m) 끝에 다다르면 밀리는 힘에 속수무책으로 뒤집어질 거고 안에 든 동전이 욕조 옆 깔때기(n) 안으로 떨어지겠지. 그럼 소중히 저축했던 돈이 광이 나는 새 저금통 안에 쌓일 거야. 그리고 이 모든 과정은 목욕 준비를 하는 동안 끝날 거야.

바구니

'자전거를 상상해 봐'라는 말을 듣고 각자 머릿속에 그리는 자전거는 크게 다르지 않을 거야. 모두가 생각하는 자전거의 이미지가 같기 때문이지. 같은 크기의 바퀴 두 개, 안장 그리고 브레이크가 달린 손잡이. 하지만 세세한 부분까지 생각한다면 당신이 상상한 자전거는 다른 사람들이 상상한 그것과 분명 차이가 있을 거야. 누군가는 어렸을 때 타던 자전거를 떠올릴 거고, 누군가는 갖고 싶은 자전거를 생각할 테니까. 색깔도 다를 거고, 벨이 달린 자전거도 혹은 없는 자전거도 있겠지. 의자, 신발, 진공청소기를 상상할 때도 마찬가지야. 어떤 물건을 상상하든 우리는 그 물건의 보편적인 특징과 특이점을 동시에 떠올리기 때문이지.

바구니의 경우는 좀 특별해. '바구니를 상상해 봐'라고 했을 때 네 머릿속에 떠오른 바구니는 다른 사람들이 생각하는 그것과는 확연히 다를 가능성이 매우 높아. 일반적이거나 보편적인 바구니의 이미지는 존재하지 않거든. 그 유명한 동화 <빨간 망토>에 나오는 주인공 아이가 할머니께 드릴 음식을 담아서 들고 가던 바구니에 대해서조차도 우리는 완벽한 합의를 이루지 못했어. 바구니라는 단어를 들었을 때 누군가는 빵 바구니를, 누군가는 빨래 바구니를, 누군가는 장바구니를 떠올릴 수 있을 거야. 낚시꾼들은 잡은 물고기를 담아두는 바구니를 제일 먼저 생각할 거고, 농구 선수들은 농구 골대의 이미지를 머릿속에서 지울 수 없을 테니까.

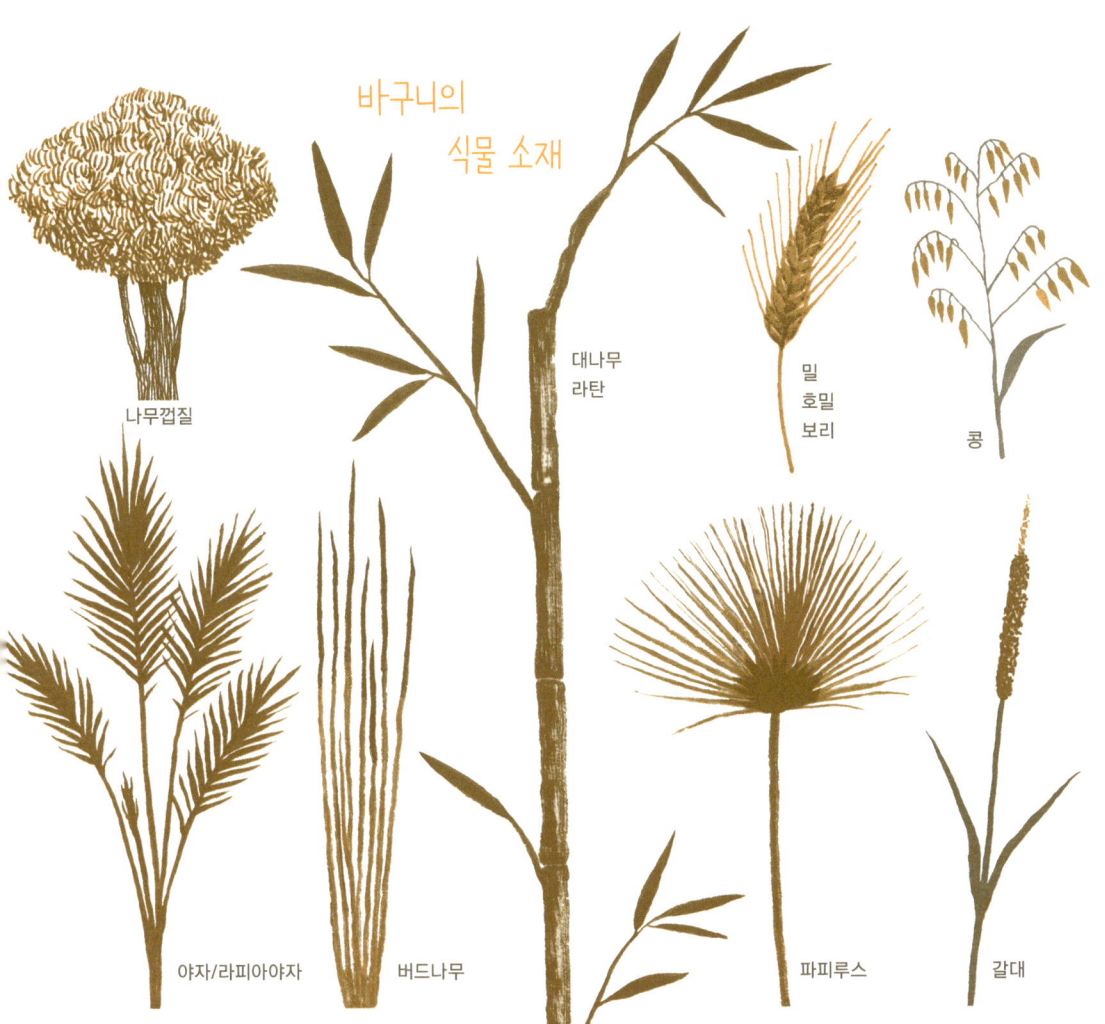

바구니의 식물 소재

- 나무껍질
- 대나무 라탄
- 밀 호밀 보리
- 콩
- 야자/라피아야자
- 버드나무
- 파피루스
- 갈대

바구니는 기본적으로 물건을 담는 용기야. 하지만 특수한 공예 기술의 결과물이기도 하지. 더불어 식물 섬유를 재료로 만들어진 물건이기도 해. 다시 말해, 이 세 가지 조건을 충족하는 모든 사물을 바구니라고 정의할 수 있어. 하지만 이론과 실제는 엄연히 다른 법이야. 현실에서 우리는 슈퍼마켓에 흔히 보이는 긴 바 형태의 손잡이와 바퀴가 달린 흉측한 물건도 바구니라고 하고, 온라인 쇼핑몰에서 고른 상품을 저장해 두는 디지털 공간도 장바구니라고 부르거든. 반면 새의 둥지는 위에서 언급한 세 가지 조건을 모두 만족시키는데도 바구니라고 부르지 않아. 둥지는 둥지니까.

정리하자면 바구니는 하나의 구조물이야. 건물, 시, 거미줄, 교향곡, 밀푀유 케이크와 동일하다는 거지. 구조물에서 가장 중요한 건 구성 요소들의 상호작용과 전체를 이루고 있는 방식이야. 건물, 시, 거미줄, 교향곡, 밀푀유 케이크와 마찬가지로 바구니는 쓰임새가 가지가지인 것은 당연하고, 다양한 내용물을 담을 수 있고 그 형태도 다채로워. 물론 결국엔 모두 같은 바구니야. 그건 그렇다 치고, 누군가 '구조물을 상상해 보세요'라고 하면 네가 떠올리는 첫 번째 이미지는 뭘까?

바구니를 엮는 데에는 여러 가지 직조 기술이 필요해. 공예가는 재료의 탄성과 강도를 이용해서, 밖으로 튕겨 나가려는 힘과 끌어당기는 힘 사이에 알맞은 균형을 찾아가면서 손으로 바구니를 짜지.

바구니의 종류가 무엇이든 유심히 보고 있으면 특정한 패턴이 눈에 들어올 거야. 바구니의 형태를 잡아 주는 반복적이고 연속적인 이 패턴에서 우리는 일정한 리듬을 느낄 수 있어. 이 리듬은 위아래로 서로 교차하며 엮여 있는 가닥들이 만들어 내지. 그리고 이 가닥들을 따라가다 보면 바구니 짜기가 시작된 지점을 발견할 수 있을 거야. 바로 바구니의 심장이지. 거기서부터 다시금 가닥들을 따라가 보자. 짜임새를 관찰하고 바구니의 기하학적 패턴이 어떻게 생겨나고 확장되는지 지켜보자. 그런 다음엔 여백을 찾아보자. 그림자를 감상하고 질감을 느껴 보자. 이 모든 게 바구니의 부피를 결정한다는 것을 알 수 있을 거야. 마지막으로 마감 부분을 찾아보자. 바구니 엮기가 어떻게 끝났는지 살피고 패턴의 미로에서 빠져나오자. 하지만 조심해. 언제 어디서든 새로운 바구니가 나타나 우리를 새로운 미로에 가둘지도 모르니까.

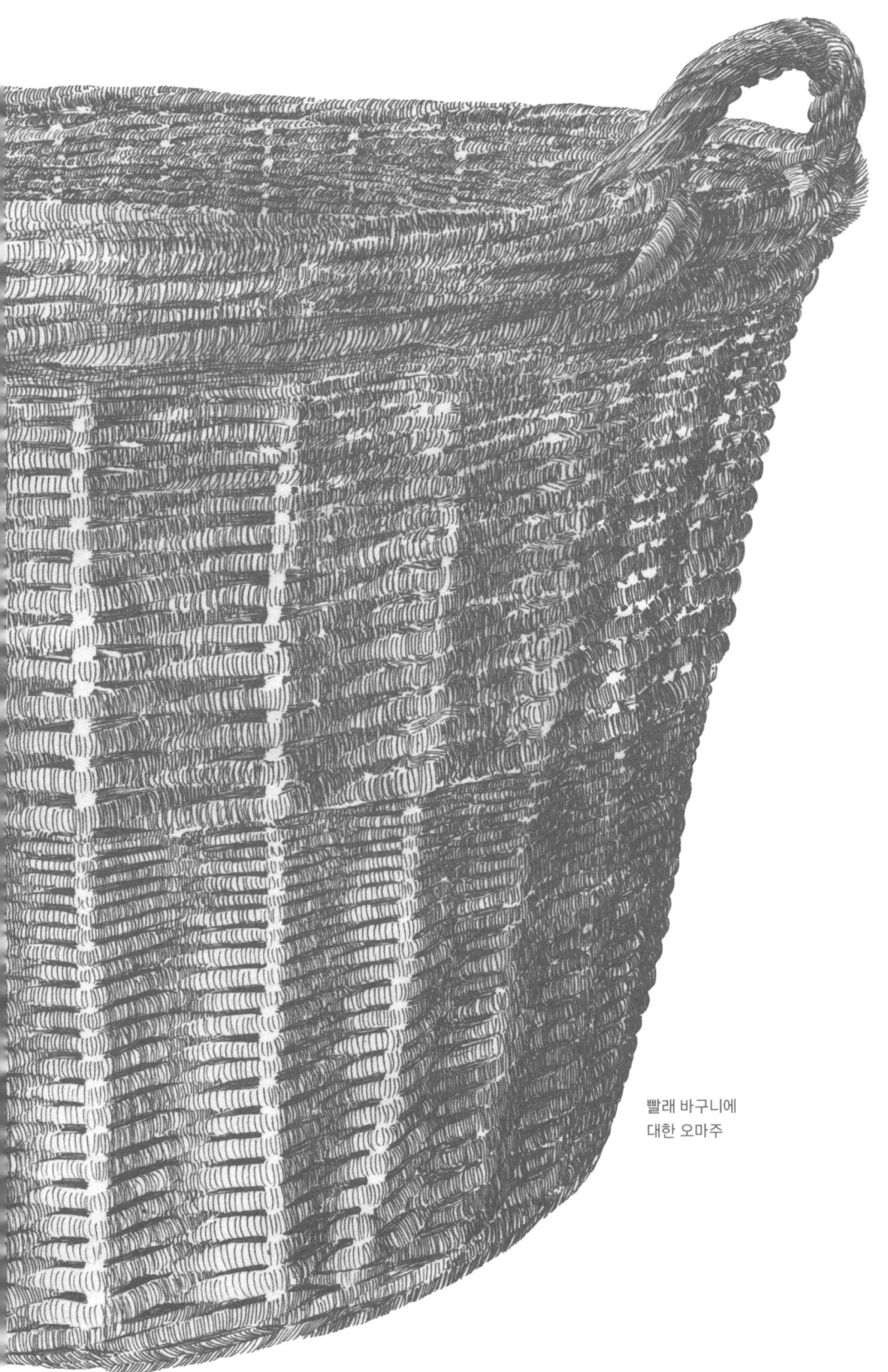

빨래 바구니에
대한 오마주

광주리, 둥우리, 소쿠리, 오합, 죽람, 광사 등 낯설게만 들리는 이 단어들은 모두 바구니를 지칭하는 용어들이야. 형태나 재질, 용도는 다를지 모르지만 모두 바구니를 가리키는 말임에 틀림없어. 이런 단어가 낯설다는 건 이들이 가리키는 물건이 더 이상 흔하게 쓰이지 않거나, 그것을 주로 사용하던 직업들이 사라졌거나 작업 방식이 완전히 달라진 데에서 비롯된 것일지도 몰라. 과거에는 어부들이 사용하는 바구니와 포도

꼬아서, 땋아서 또는 엮어서 만든 것들

우리를 보호하는 것 1. 철창 2. 곳간 3. 지붕 4. 오두막 **이동을 위한 것** 5. 열기구 6. 뗏목 7. 포르투갈 몬트 마을의 토보간 8. 모세의 요람 **물건을 운반하기 위한 것** 9. 어깨에 메는 것 10. 머리에 이는 것 11. 손에 드는 것 **바퀴 달린 것들** 12. 자전거 13. 수레 14. 초기 자동차

농장에서 사용하던 바구니가 따로 있었어. 하지만 시간이 흐르면서 작업 방식이 변하고 필요가 달라지자 예전의 바구니들은 각각의 고유한 이름과 함께 사라진 거지.

직업이 사라지니까 바구니가 사라졌어. 바구니가 사라지니까 이와 관련된 직조 기술이 사라지고 이름도 사라졌어. 곰곰이 생각해 보자. 오늘날 쓰이는 단어나 물건 중에 미래에 어떤 것들이 더 이상 존재하지 않을지.

물건을 저장하는 것: 의복 15. 모자 16. 샌들 17. 팔찌 18. 전통 의상 19. 벨트 **도구** 20. 부채 21. 빗자루 **요리할 때 필요한 것들** 22. 중국식 찜기 23. 빵 바구니 **가둘 때 필요한 것들** 24. 랍스터 그물 25. 새장 **물건** 26. 의자 27. 등 28. 십자가 29. 딸랑이 30. 냄비 받침 31. 러그

화병

이 세상에 존재하는 꽃의 종류가 많을까, 아니면 화병의 종류가 많을까? 어쩌면 꽃의 종류에 따라 다른 화병이 필요한 건 아닐까? 같은 화병에 하루는 작약을, 다른 날엔 미모사를, 또 다른 날엔 극락조화나 해바라기를 꽂는 건 개념 없는 게 아닐까? 하지만 꽃 종류별로 화병을 바꿔야 한다면 번거롭지 않을까? 꽃을 꽂을 때마다 화병을 새로 사거나 매번 같은 꽃만 사야 하는 건 정말 곤란하겠지? 결국 가장 좋은 해결책은 각자 가장 좋아하는 꽃을 원하는 화병에 꽂는 거야. 하지만 화병에 따라 같은 꽃이라도 다르게 보일 수 있다는 점은 잊지 말자.

화병은 꽃을 꽂을 때 필요한 물건이야. 꽃은 식물의 생식기지. 꽃이 있어서 식물이 번식하고 새로운 싹을 틔울 수 있어. 아쉽게도 우리가 꽃을 꺾거나 꽃집에서 꽃 한 다발을 사는 행위는 식물의 번식에 아무런 도움이 안 돼. 우리가 꽃을 꺾거나 사는 건 꽃을 좋아하기 때문이야. 우리는 꽃이 예뻐서, 누군가를 기쁘게 해 주기 위해서, 누군가에게 용서를 빌기 위해서 꽃을 꺾거나 사곤 하지. 하지만 그 어떤 경우에도 훼손당하는 꽃의 입장에서는 생각하지 않아.

화병에 꽂힌 꽃은 제아무리 예쁘다 해도 죽은 꽃이야. 물을 주고 또 매일 새로 갈아 줘도, 아무리 영양제를 첨가하고 온갖 방법을 다 써도 꽃을 되살릴 순 없어. 단지 좀 오래 그 아름다움이 지속되길 바랄 뿐이지. 하지만 그 모든 노력에도 불구하고 꽃은 시들 거야. 고여 있는 물은 썩을 거

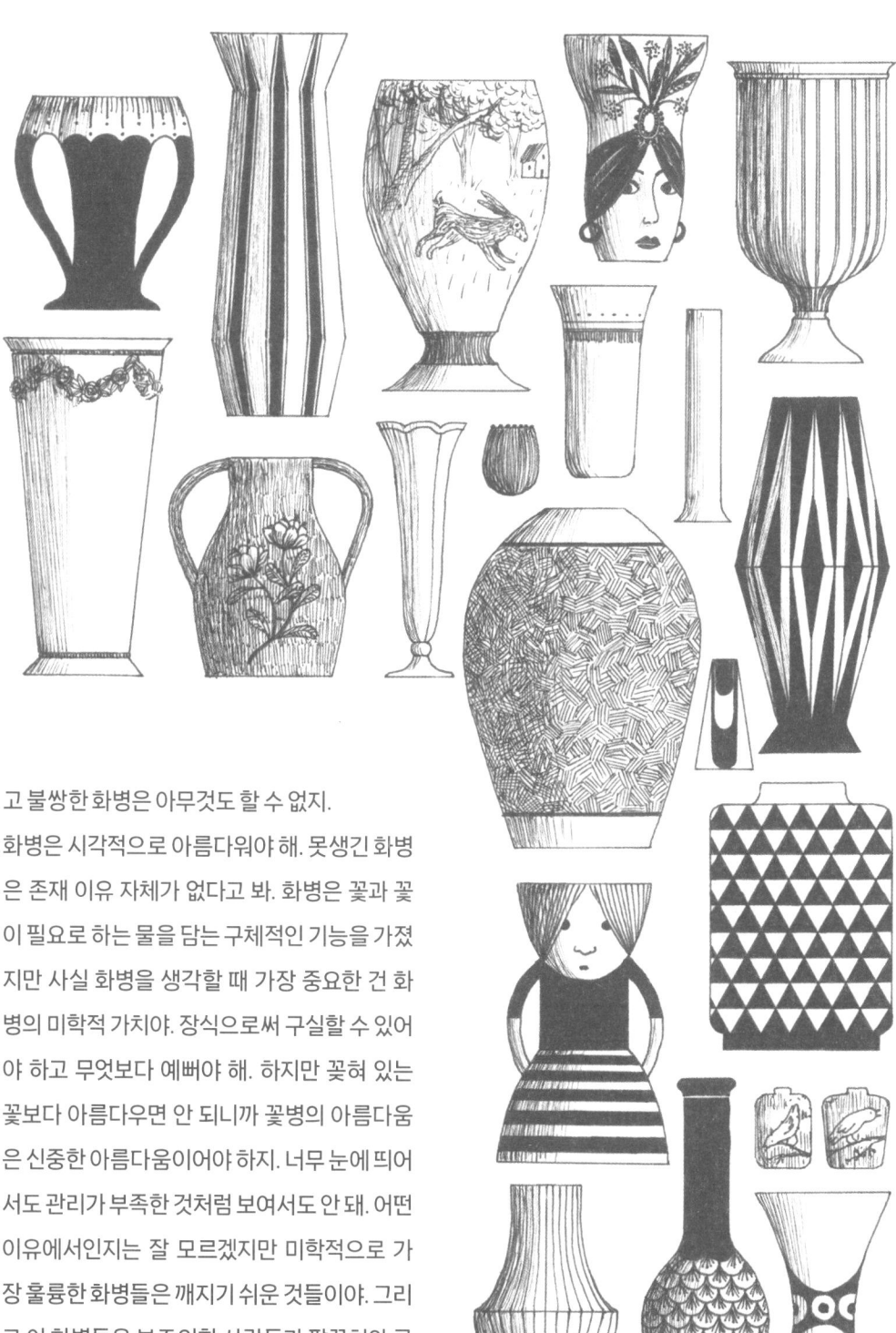

고 불쌍한 화병은 아무것도 할 수 없지. 화병은 시각적으로 아름다워야 해. 못생긴 화병은 존재 이유 자체가 없다고 봐. 화병은 꽃과 꽃이 필요로 하는 물을 담는 구체적인 기능을 가졌지만 사실 화병을 생각할 때 가장 중요한 건 화병의 미학적 가치야. 장식으로써 구실할 수 있어야 하고 무엇보다 예뻐야 해. 하지만 꽂혀 있는 꽃보다 아름다우면 안 되니까 꽃병의 아름다움은 신중한 아름다움이어야 하지. 너무 눈에 띄어서도 관리가 부족한 것처럼 보여서도 안 돼. 어떤 이유에서인지는 잘 모르겠지만 미학적으로 가장 훌륭한 화병들은 깨지기 쉬운 것들이야. 그리고 이 화병들은 부주의한 사람들과 팔꿈치와 공을 끌어당기는 이상한 힘을 가졌지.

꽃꽂이하는 방법

1. 화병에 물을 붓고 양 옆에 위치했으면 하는 꽃을 먼저 꽂아. (줄기가 너무 굵거나 딱딱한 종류는 피해야 해.) 이렇게 하면 화병 안에 꽃으로 만든 틀이 생기고 꽃을 꽂기가 수월해져.

2. 이제 나머지 꽃들을 꽂아. 먼저 키가 큰 것들과 줄기가 딱딱한 것들을 중앙에 배치해. 그리고 그 주변에 얇고 연한 것들을 꽂는 거야. 키가 맞지 않는 꽃은 가위로 잘라 주면 그만이지.

3. 마지막으로 가장 길쭉한 것들을 빈 공간이 보이는 곳에 찔러 넣어. 한 발 떨어져서 전체를 한 번 보고, 꽃을 더 꽂을지 결정하면 돼.

4. 이제 꽃꽂이가 끝났어. 여기 소개한 방법은 이 세상에 존재하는 수많은 꽃꽂이 방법 중 하나에 불과해. 정해진 방법 말고 너희 본능에 따라 꽃을 꽂아 보는 건 어떨까? 멋진 결과물이 완성될 거라 믿어 의심치 않아.

항아리, 병, 화분, 조리개, 시험관 등 화병으로 활용될 수 있는 물건은 무수히 많아. 하지만 화병으로 사용할 수 있다고 해서 다 화병이 되는 건 아니야. 화병이 되려면 처음부터 그에 걸맞은 용도로 만들어져야 해. 꽃을 세워서 꽂을 수 있는 실용적이고 아름다운 물건을 만들겠다는 의도로 제작되어야 하는 거지.

화병을 디자인하는 일은 쉽지 않아. 디자인을 정할 때 염두에 두어야 할 점은 수만 가지이고, 이 과정에서 발생할 수 있는 문제도 한두 가지가 아니야. 유리, 도자기, 설화 석고, PET 혹은 다른 재료를 쓰는 것이 좋은지 판단해야 하고, 입구가 좁은 게 나을지 손이 들어갈 만큼 넓은 게 나을지 고민해야 해. 비대칭 디자인 또는 일반적인 모양 중에 선택해야 하고, 투명하게 만들지 어두운 색으로 불투명하게 만들지, 소박하게 만들지 사치스럽게 만들지를 결정해야 하지. 또 단일 작품으로 제작할지 연작으로 제작할지, 손잡이를 추가할지도 생각해 봐야 해. 그리고 궁극적으로는 어떤 종류의 꽃을 위한 화병인지 분명히 해야 해. 사실 우리에게 화병에 대한 견해 따위는 없어. 누가 제작했는지도 중요하지 않지. 하지만, 어딘가에서 마음에 드는 꽃꽂이를 발견한다면

그땐 화병에도 주의를 기울여 보자. 화병의 형태와 생김새가 어떤 이유로 그렇게 만들어졌는지 생각해 보자.

옷장, 옷걸이, 자동차 트렁크, 우산꽂이, 턱받이, 과일 바구니, 동전 지갑, 열쇠고리, 재떨이, 조선소, 돼지우리, 벌집, 개미집 등은 무언가를 안전하게 두거나 만드는 곳이야. 제빵사, 어부, 정육점 주인, 야채 가게 주인, 우유 배달원, 요리사, 가스 배달원, 공학자, 배관공, 은행가, 구두 수선공, 포수, 서점 주인, 소방관, 세탁소 주인 등은 직업인이지.

꽃과 관련해서는 꽃 가게와 화병, 플로리스트와 꽃집 주인이 있어. 플로리스트와 꽃집 주인 모두 꽃과 관련된 일을 하지. 하지만 다루는 영역은 엄연히 달라. 이와 마찬가지로 꽃 가게와 화병은 모두 꽃을 안전하게 두는 곳이야. 둘 사이의 차이는 역시 꽃을 두는 방식과 목적이 다르다는 거지.

파리채

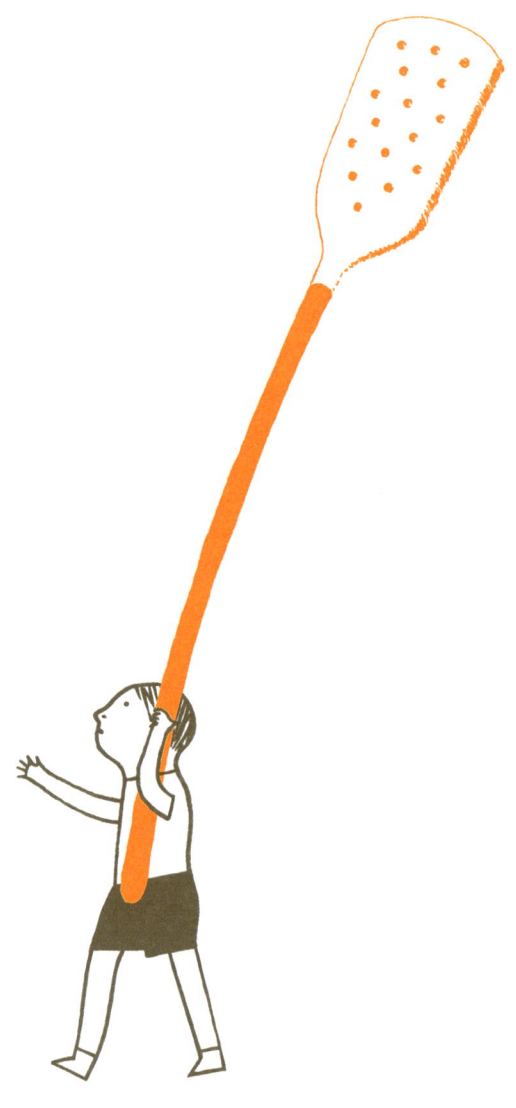

도구와 연장은 같은 말인 것 같지만 좀 달라. 도구는 일을 할 때 없어도 되지만, 있다면 하는 일을 수월하게 해 줘. 도구를 활용하면 상대적으로 적은 노력을 기울이더라도 더 만족스럽게 일을 수행할 수 있고 실패할 확률도 적어. 인간은 손으로 무엇이든 할 수 있잖아. 손으로 땅을 팔 수도 있고, 무언가를 두드리거나 접거나 잡을 수 있고, 또 무언가를 납작하게도 깨끗하게도 만들 수 있지. 하지만 삽이 있다면, 망치가 있다면, 핀셋, 롤러, 빗자루가 있다면 그 모든 일을 훨씬 쉽게 할 수 있어.

이와 다르게 연장은 어떤 특정한 일을 하는 데 사용하는 물건이야. 일을 할 때 쓰이는 연장을 모두 아우르는 개념인 도구와 다르게 연장이 활용되는 일은 좀 더 구체적이고 전문적이지. 예를 들어 온도를 재는 온도계, 멀리 있는 물체를 가까이 보기 위한 망원경, 수술 시 피부를 절개할 때 쓰는 메스 등이 있어.

하지만 실생활에서 도구와 연장을 구분해서 쓰는 일은 별로 없어. 더군다나 구별하기가 쉽지 않거든. 그렇다면 파리채는 도구일까 연장일까?

파리채는 무기야. 특정 대상을 공격할 때 쓰이고, 그 대상으로부터 스스로를 보호하는 데 사용하기 때문이지. 그리고 무엇보다 공격와 방어를 하는 동안 파리라는 놀라운 생물체를 죽음에 이르게 하기 때문에 무기일 수밖에 없어. 무기 없이 싸우는 파리와의 전쟁에서 인간은 우스꽝스러운 몸짓 외에는 할 수 있는 게 없어. 이 용감무쌍한 쌍시류 곤충은 인간보다 빠르고 영리하고 겁이 없고 우아하지. 과대 평가된 지능에도 불구하고 인간은 파리 한 마리 잡지 못해. 파리는 플라이급 권투 선수처럼 민첩하게 위협을 감지하고 다가오는 인간의 손을 피해 의기양양하게 달아나지. 그렇게 인간은 매 라운드 단 한 번의 결정타도 날리지 못한 채 결국 손바닥이 붉어진 지친 모습으로 수건을 던지는 거야. 파리는 승리에 취해 코앞에서 앵앵거리고 지켜보는 관중들을 향해 자랑스럽게 공중 묘기를 뽐내지. 인간이 승리할 때도 더러 있어. 하지만 이 경우 끔찍한 보복을 당하게 돼. 남겨진 파리들과 그 자식들이 승리자 인간의 식사 시간과 낮잠을 방해하러 달려들 거든.

모욕당한 인간은 패배를 인정하지 않고 억울함과 복수심에 가득 차 무기를 손에 넣었어. 가장 우월한 종족이라는 이름표를 욕보인 적을 무찌르기 위해서야. 게다가 적을 무자비하게 눌러 죽이는 무기를 고안한 것도 모자라 (대상을 천천히 또 고통스럽게 죽이는) 끈끈이와 (냄새를 맡은 모두를, 특히 어리거나 늙은것들을 독살시켜 죽여 버리는) 강력한 살충제와 끔찍한 파란 빛을 내뿜으며 파리들을 태워 죽이는 전기 퇴치기를 발명했어.

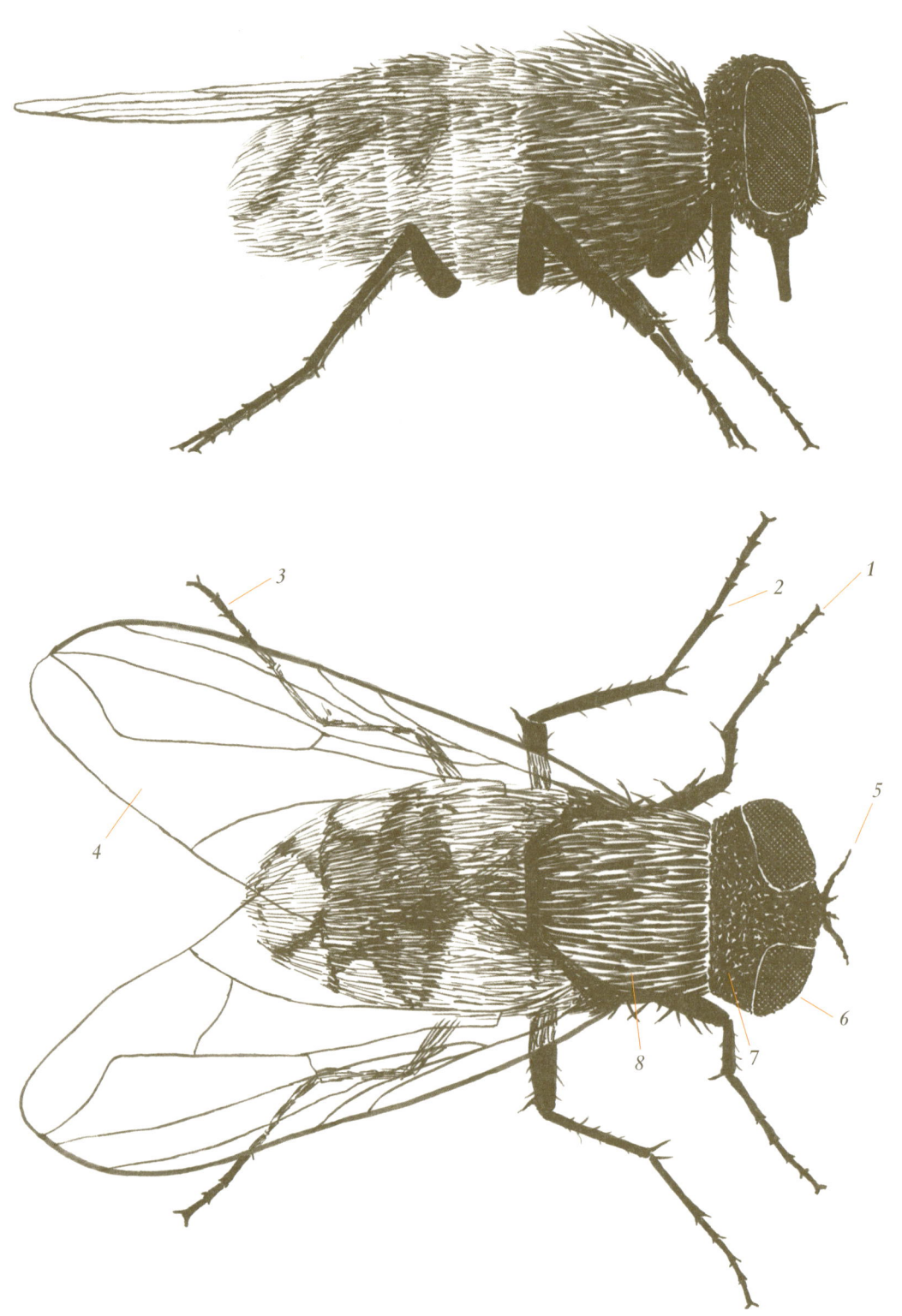

적을 알자

치명타를 입힐 수 있는 부위가
어디인지 아는 건 생사의 문제야.
다리 쪽을 공격하는 건 좋은 방법이 아니야. 앞다리(1)는
더듬이나 겹눈을 닦는 데 사용하는데, 이게 없어도 파리는 싸울 수 있어.
중간 다리(2)는 타격을 입는다 해도 파리의 비행 능력에 아무런 영향을 주지 못해.
뒷다리(3)의 경우 다쳤을 때 파리가 착지하지 못하고 바닥에서 움직이는 게 어려워질 수도 있지만,
공격이 매우 어렵다는 단점이 있어. 날개(4)는 상상 이상으로 튼튼해. 물론 손으로 직접 뜯어낸다면 금방 떨어지겠지만
이 또한 쉽지 않을 거야. 더듬이(5)는 기능이 거의 없으니까 공격하는 게 무의미해.
반면 겹눈(6)은 크기와 위치 때문에 쉬운 표적일 수 있겠지. 하지만, 눈 먼 파리가 싸움을 계속할 수 있는지 없는지는
알려진 바 없어. 결국 남은 건 가슴(8) 바로 위 머리(7)야. 머리를 맞으면 파리는 즉사하니까 머리를 타격하는 게
가장 효과적인 공격이야.

이상적인 파리채의 길이는 팔꿈치에서 손끝까지의 거리와 같아. 타격할 때 쓰이는 넓적한 부분은 손바닥보다 살짝 작아야 하지(약 10,000 제곱밀리미터). 일반적인 파리의 몸길이가 7mm, 날개를 펼친 크기가 14mm임을 감안할 때 파리채로 파리를 잡는 건 어려운 일이 아닌 듯 보여. 더 만족스러운 결과를 얻는 데 중요한 건 파리채의 넓적한 부분과 타격의 각도 사이의 거리지. 숨죽여 조심스럽게 다가가면 적과 약 20cm 떨어진 곳까지 파리채를 가져갈 수 있어. 타격 각도는 50도로 충분한데, 타격하는 힘과 속도를 잘 조절해야 해.

파리채의 넓적한 부분이 망의 형태를 띠고 있는 건 파리의 주변 경계 시스템에 노출되지 않으면서도 타격할 때 공기의 저항을 최소화하기 위해서야. 이런 특징 때문에 파리채는 잡지, 쿠션, 슬리퍼보다 정확도가 높은 무기인 거지.

마지막으로 과감하게 공격을 시작할 때를 대비해 몇 가지 충고를 할게. 첫째, 파리가 위치한 지점이 아닌 이동하는 방향으로 공격하는 게 좋아. 둘째, 가장 좋은 공격 시점은 파리가 힘을 비축하고 있을 때 아니면 사랑을 나누고 있을 때야.

파리 잡기를 통한 선禪 수행

파리를 잡을 때는 온몸의 기를 모아 생각을 가다듬고 영혼을 평온하게 유지해야 해.

너와 파리는 대립하는 두 개의 개별 생명체가 아닌 하나이며 같은 현실을 공유하고 있어.

너는 몸의 움직임을 통해 자신을 표현하고, 수행하고, 전체와 융화되지.

파리채의 길은 외적인 용도에 의해 정해지지 않아. 그 의미는 '나'의 의식 속에 있지.

몸과 마음, 생각과 행동이 일치할 때 손이 저절로 움직일 거야. 전사는 손이 스스로 생각하고 있다고 느끼지.

'힘들이지 않는 힘'만이 파리채가 마치 새벽에 떨어지는 이슬처럼 가볍게 당신으로부터 뻗어 나가게 할 수 있어.

성공 못 해도 괜찮아. 꾸준히 정성을 다한 수행만이 네가 존엄하다는 걸 일깨워 줄 수 있다는 사실을 잊지 마.

그 외 다소 영적이지 않은 방법들

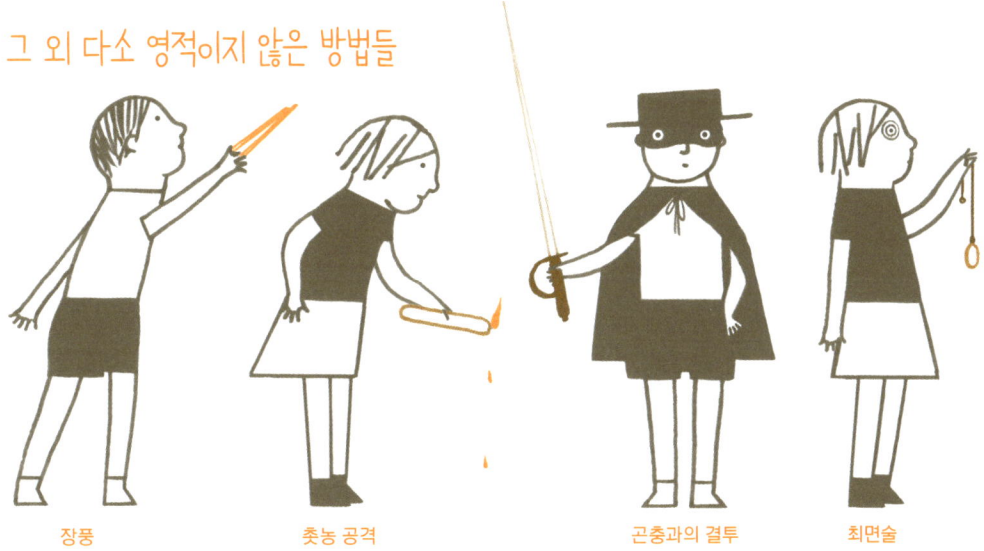

장풍   촛농 공격   곤충과의 결투   최면술

새로운 아이디어에는 새로운 명칭이 필요하고, 새로운 사물에는 새로운 이름을 붙여 줘야 해. 하지만 새로울 것 없는 이 세상에서 완벽하게 새로운 이름을 짓는 건 불가능에 가깝지. 언어마다 이미 존재하는 어휘들을 조합해서 새로운 단어를 창조하는 방법들이 있어. 그리고 이런 방식으로 새롭게 발견된 곤충, 새롭게 건설된 도로, 새로운 브랜드, 우연히 관측된 은하에 이름을 붙이는 거야.

가장 흔한 방식은 두 단어를 합치는 거야. 파리채, 병따개가 대표적인 경우지. 이 두 단어에서 보이는 단어 조합의 법칙은 대상+도구, 대상+행위야. 좀 더 기발한 작명을 위한 연습으로 이름을 먼저 지은 다음에 이름에 어울리는 무언가를 발명해 볼 수도 있어. 몇 가지 제안할 수 있는 새로운 단어로는 구름 제거기, 열쇠 수색기, 방귀 제거제, 국 식힘이 등이 있어. 네가 생각할 수 있는 이름에는 뭐가 있을까?

파리 퇴치 보병 사단

잭 나이프

모든 기계에는 기제, 즉 작동 원리가 있어.
칼에도 기제가 있지.
하지만 칼은 기계가 아니야.

기계는 특정한 목적을 이루기 위해 특정한 힘을 사용하지. 아주 단순한 의미에서 기계라고 할 수 있는 손톱깎이를 살펴볼까? 기본이 되는 건 지렛대 원리야. 이를 이용해 손톱깎이의 두 날이 맞부딪치면서 작두 효과를 내지. 그리고 날 사이로 딱 소리를 내며 손톱이 잘리는 거야. 작용(손가락으로 손톱깎이를 누르는)과 반작용(지렛대 원리를 이용해 두 날이 모이는)이 이뤄지면서 그 결과(손톱이 잘리는)가 벌어지는 거지. 하나의 효과를 내기 위해 손톱깎이의 모든 구성품이 동원된 거야. 근데 잭나이프의 작동 원리는 달라. 칼을 접었다 펼 수 있고, 칼날을 꺼냈을 때 고정되어 있게끔 하는 기제가 분명 존재하지만, 사실 이건 칼의 기본적인 절단 기능과는 아무 상관이 없어. 게다가 하나의 유일한 목적을 위해 작동하는 손톱깎이와 다르게 칼은 다양한 용도로 사용할 수 있지. 사과의 껍질을 깎기도 하고 누군가를 살해할 때 쓰이기도 해. 조각을 할 때도, 심지어 손톱깎이 대신으로도 활용할 수 있어. 하지만 잭나이프를 접이식 도구이게끔 하는 작동 원리는 언급된 그 어떤 기능에도 영향을 미치지 않아. 그러니까 기계가 아니지.

실망할 필요는 없어. 작동하는 모든 게 기계일 순 없으니까. 위안이 될지 모르겠지만 인간의 몸도 기계가 아니야. 물건을 들 때 사용하는 근육과 뼈의 움직임 또는 의식하지 않는 사이에 우리가 하는 섭취나 소화, 배설 등의 행위(쉽게 말해 먹기, 소화시키기, 똥 싸기 같은) 등을 보면 인간의 몸을 다양한 기능을 가진 복잡한 기계로 비유하지 않을 수 없어. 하지만 인간 세포처럼 자기 치유나 자기 재생 능력을 가진 기계는 존재하지 않아. 생식 능력이 있어서 아이를 낳는 기계도, 다른 기계를 제작할 수 있는 기계도 없거든. 기계는 잭나이프처럼 단순하지만 아름다운 도구조차 스스로 만들어 내지 못해.

스위스 아미 나이프에 대한 오마주

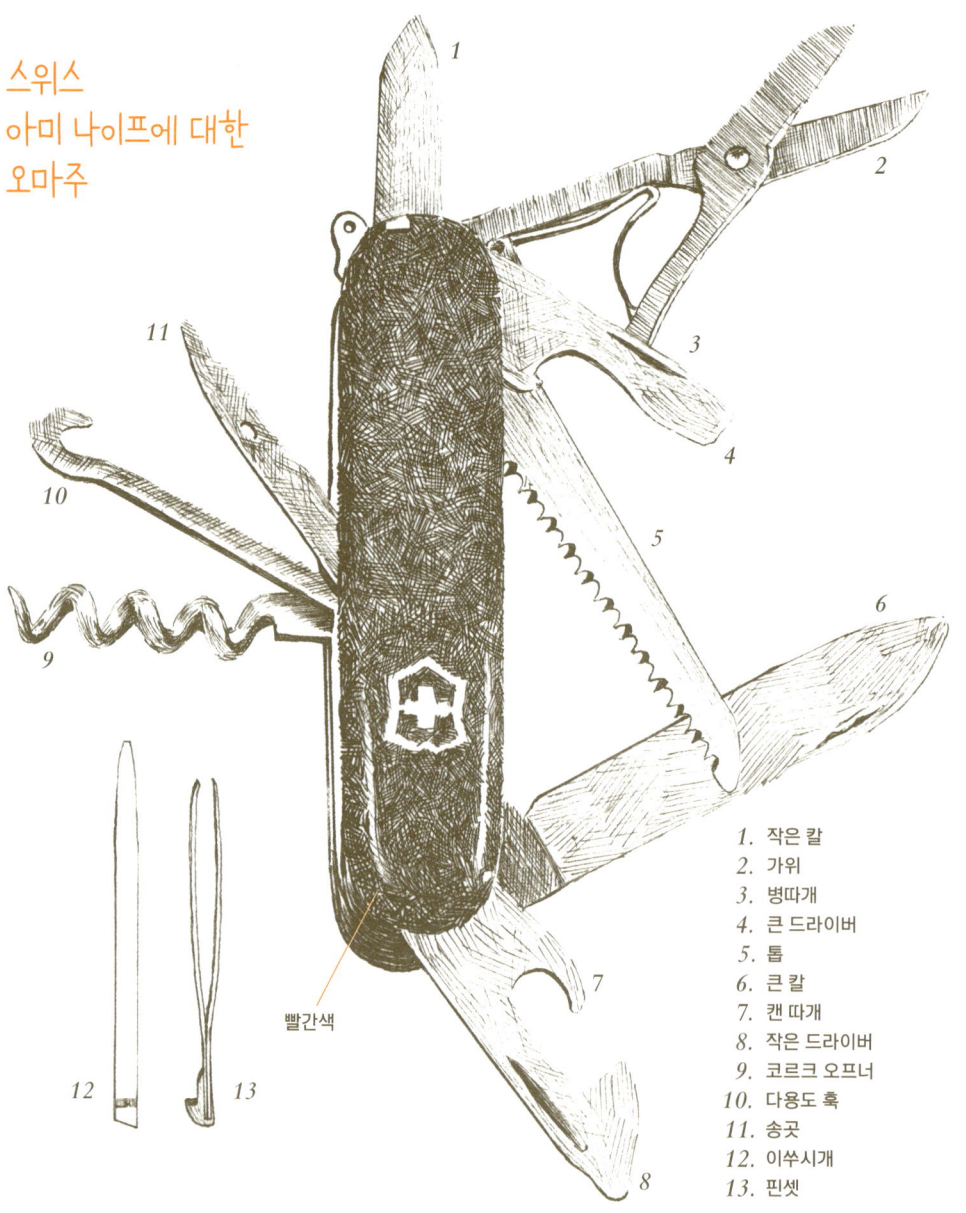

빨간색

1. 작은 칼
2. 가위
3. 병따개
4. 큰 드라이버
5. 톱
6. 큰 칼
7. 캔 따개
8. 작은 드라이버
9. 코르크 오프너
10. 다용도 훅
11. 송곳
12. 이쑤시개
13. 핀셋

칼은 자르거나 베는 도구야. 그 용도로 만들어졌지. 휴대하려면 칼집을 이용하거나 허리에 차는 가죽케이스나 상자 혹은 다른 주머니 같은 것에 넣어야 해. 아무리 마음에 들어도 휴대하기 쉽지 않다는 점을 부정할 수 없어. 잭나이프가 좋은 점은 바로 휴대하기 편하다는 거야. 주머니에 들어가는 크기라서 어디든지 (심지어 숨겨서) 가져갈 수 있지. 그리고 필요할 때 펼쳐서 사용하면 돼.

도구 별로 어울리는 용도가 있다 우리는 칼을 이용해 무언가를 자를 수도, 열 수도, 나눌 수도, 껍질을 벗길 수도, 뚫을 수도, 분리할 수도, 뾰족하

각 도구로
할 수 있는
일들

게 만들 수도 있어. 또 면도할 수도 있고, 무언가를 깎거나 다듬을 수도 있지. 더 나아가 무언가의 거죽을 분리할 수도 있고 이 모든 일을 하다가 스스로 다치게 할 수도(조심!), 누군가를 죽일 수도(더 더 더 조심!) 있어. 칼이 무기라는 걸 잊어서는 안 돼. 어른들이 아이 손에 닿지 않게 칼을 관리하는 것도 이 때문이야. 칼은 위험한 물건이라 실제로 해를 입힐 수 있어. 하지만 사용법을 제대로 익혀 신중하게 사용한다면 (바보 같은 짓을 하지 않고 누군가를 죽이지도 않으면) 칼처럼 유용한 도구도 드물 거야. 잭나이프를 가지고 있을 때 가장 희열을 느끼는 순간은 주어진 목적에 따라 만족스럽게 사용한 다음 칼날을 접어 손잡이 안으로 쏙 집어넣을 때니까 말이야.

이집트 부적을 하나 골라 보자

1. 나일강 틸라피아 (재생의 상징)
2. 앙크
3. 왼손
4. 개구리 (헤켓 여신과 연관이 있는 동물)
5. 바 (사람 머리를 가진 새)
6. 개코원숭이 (토트 신과 연관이 있는 동물)
7. 풍뎅이
8. 매 (호루스 신과 연관이 있는 동물)

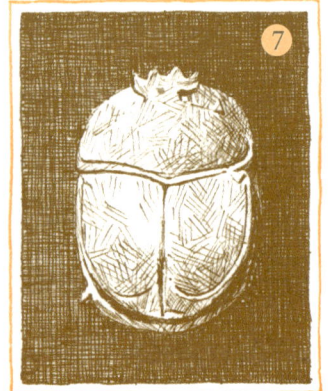

비누로 부적을 만들어 보자

1. (평평하고 굴곡이 없는) 비누 표면에 선택한 부적의 실루엣을 그려.

2. 그린 실루엣을 따라 비누를 자르는 거야. 반대쪽도 똑같이 잘라.

3. 조심스럽게 모양을 잡아. 수월하게 작업하려면 굴곡진 부분은 연필로 표시해 두고 칼로 조각하면 돼.

4. 마지막으로 고른 부적을 특징짓는 무늬를 표면에 새기면 완성이야.

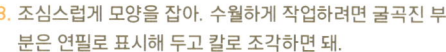 언어의 쓸데없는 기능 중 하나는 수수께끼를 만드는 거지. 누군가 문제를 만들어서 너에게 알아맞혀 보라고 하면 맞힐 수도 못 맞힐 수도 있잖아. 맞히면 너는 똑똑한 사람이 될 거고, 못 맞히면 생각한 것보다 똑똑하지 않은 사람이 될 거야. 한 번 들은 수수께끼와 답을 외워 두면 이곳저곳에 가서 많은 사람들에게 문제로 낼 수 있어.

나무 숟가락

나무는 한 자리에 고정되어 있어. 사는 곳에서 멀지 않은 곳에 뿌리 내리고 있으면 원할 때마다 찾아가 볼 수 있지. 그리고 나무의 성장과 그에 따른 변화들을 직접 눈으로 확인할 수 있어. 싹이 나고, 잎이 자라서 초록이 무성해지고, 꽃이 향기를 퍼뜨리고, 새들이 둥지를 틀고, 열매가 맺히고, 씨가 떨어지는 모습도 감상할 수 있지. 때로 태풍이 나뭇가지를 꺾는 것도, 눈이 벌거숭이 나무의 옷이 되어 주는 것도 볼 수 있어. 나무 한 그루를 통해서 자연에서 일어나는 크고 작은 놀라운 변화들을 지켜보는 증인이 될 수 있는 거야. 만약 바쁜 일상 때문에 긴 시간 나무를 보지

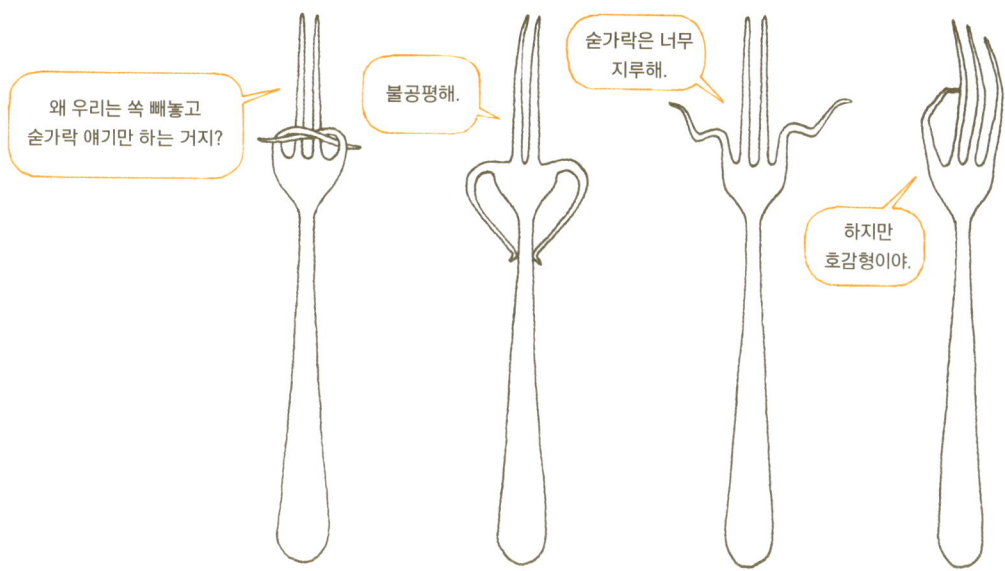

못했다면, 언젠가 짬을 내어 나무를 보러 갔을 때 놀라서 소리칠 게 분명해. 어쩜! 이렇게 컸지? 마지막으로 봤을 땐 분명 어린나무였는데! 백 살을 넘겼다고? 아직도 아기 같은데!

누구나 이런 경험을 할 수 있어. 하지만 숟가락을 만드는 장인들은 나무를 감상하는 즐거움을 특히 더 만끽할 수 있다고 해. 장인들은 특별할 것 없는 나무를 보고도 티스푼을 상상하고, 나뭇가지를 보고는 꿀 전용 숟가락을 만들 생각을 한대. 나무 몸통이 갈라진 부분을 보면 국자 만들 생각을 한다나. 유난히 두꺼운 몸통을 가진 나무 앞에서는 믹싱 스푼 한 세트를 만드는 꿈을 꾸고, 얇은 나무를 만나면 샐러드 서빙 스푼을 벌써 머릿속에서 만들고 있어.

나무 숟가락을 만드는 방법은 종류와 상관없이 비슷해. 날카로운 도구를 이용해 나무를 깎아 내는 방식으로 원하는 숟가락 모양을 만드는 거지. 끌로 대리석을 깎는 조각가의 작업 방식과 비슷해. 불필요한 부분은 제거하고 모양을 낸 다음 표면을 매끈하게 만들지. 적절한 힘과 도구를 활용해서 아무것도 아니었던, 단단하기만 했던 재료에 형상을 갖게 하고 의미를 불어넣고 기능을 부여하는 거지. 이렇게 장인의 손길을 거치면 처음에는 살아 있는 생물이었고 그다음엔 마른 나무 조각이었던 그것이 일상에서 쓰이는 기구로 재탄생하는 거야. 오목한 모양으로 액체를 뜰 수 있게 깎인 숟가락은 입속으로 잘 들어갈 수 있도록 더욱 정교하고 둥글게 혹은 타원형으로 다듬어져. 마지막으로 손잡이 부분은 잡기 편하게 길고 좁게 깎는 거지.

숟가락을 잡는 방식으로 사용 목적을 짐작해 볼 수 있어.

엄지손가락을 손잡이 윗부분을 향하게 두고 주먹으로 숟가락을 꽉 쥐면 국을 저으려 한다는 걸 알 수 있지.

숟가락의 머리 부분 오목한 쪽에 엄지손가락을 두고 손잡이 끝을 손바닥 아랫부분에 맞춰서 숟가락을 가로로 들면 굳은 음식물을 휘젓거나 뒤집을 수 있어.

서빙을 하거나 계란을 휘저을 때도 위와 비슷한 방식으로 숟가락을 잡지. 이때 손가락 위치는 크게 중요하지 않아. 중요한 건 손과 손목의 움직임이거든.

검지를 쭉 편 상태로 엄지를 한 방향으로 밀면서 나머지 손가락으로 힘 있게 숟가락을 쥐는 방식은 프라이팬에 들러붙은 음식물을 분리하는 데 효과가 있어.

검지와 엄지를 핀셋 모양으로 만들어 잡고 숟가락을 약지에 살짝 대면 액체류를 떠먹거나 소스를 따르거나 감자튀김을 기름에서 꺼내는 것과 같은 섬세함을 필요로 하는 작업을 할 수 있지.

어떻게 숟가락을 잡는지 생각해 본 적 있는 사람이 얼마나 될까?

그나저나 숟가락 잡는 모양을 묘사하는 건 너무 힘든 일이네!

나무 숟가락 사용법

숟가락은 전부 윗부분과 아랫부분, 두 부분으로 나눌 수 있어. 좁고 긴 부분이 손잡이이고 둥근 부분이 숟가락의 머리야. 머리 부분은 안쪽은 오목하고 바깥쪽은 볼록하지. 오목한 쪽으로 딱딱한 음식이나 액체 음식물을 뜨고 나르고 먹을 수 있어.

숟가락을 어떤 목적으로 사용하느냐에 따라 잡는 방법이 달라져. 음식물을 저을 때 잡는 방식은 먹을 때, 설탕을 부을 때, 음식물의 양을 측정할 때, 샐러드를 서빙할 때, 주걱으로 사용할 때 잡는 방식은 모두 달라. 숟가락을 잘 사용하기 위해서는 사용법을 자세히 배우고 수많은 연습을 거쳐야 하지. 하지만 어떤 용도로 쓰든 잡을 때는 항상 오목한 머리 부분이 아닌 손잡이 쪽으로 잡아야 해.

칼을 휘두르는 행위를 칼부림이라고 하는 것처럼 숟가락을 드는 행위는 숟갈질이라고 해. 다만 숟갈질은 숟가락을 써서 음식물을 떠먹는, 지극히 무해한 일을 일컫지. 접시 위의 고기를 써는 일을 두고 칼부림이라고 말하는 사람이 없듯이 숟가락을 주무기로 삼는 연쇄살인마는 이 세상에 존재하지 않아.

인간은 이미 존재하는 단어를 변형해서 새로운 어휘를 만들어 내는 걸 잘해. 남을 해치려고 칼을 함부로 휘두른다는 의미의 칼부림이라는 단어를 참고해서 '숟가락부림'이라는 신조어를 제안해 볼까? 그 뜻은 '다른 사람의 요리에 허락 없이 숟가락을 넣는 일'이야.

화양목　　호두나무　　사과나무　　자작나무　　올리브나무

숟가락 숲

숟가락이 되기 전에는 목재였어. 목재이기 전에는 나무토막이었지. 그리고 애초에는 나무였어. 숲에서 자랐지.
저 숟가락을 봐. 어떤 나무로 만들어졌는지 알겠어? 숟가락이 되기 전엔 어떤 모습이었을지 상상이 돼? 어떤 나무에서 비롯됐는지,
그 나무가 어느 숲에서 태어나고 자랐는지 짐작이나 할 수 있어?

대나무　　　밤나무　　　벚나무　　　　　　물푸레나무　　　　배나무

호기심은 우리 주변의 것들을 새로운 시선으로 바라보게 만들곤 해. 모든 게 더 진짜 같고, 끊임없이 상호작용하는 것처럼 느껴지게 하지. 동시에 이상하게도, 더 독특하게도 보여. 우리의 시선이 날카로워지면서 예전에 익숙했던 것들을 버리고 신선한 시선을 갖게 되는 기쁨도 경험하게 돼. 그리고 더 많이, 더 깊게 알고 싶어지고 이해하고 싶어지지. 그리고 불현듯, 의도하지 않았는 데도 매혹적이고 비밀스러운 숲으로 끌려 들어가는 거야.

액체류

모든 액체류는 쏟아지려는 성향을 갖고 있어. 어딘가에 담겨 있는 것을 거부하고 탈출할 기회만 엿보지. 액체류의 본질은 흐르는 움직임이거든. 그리고 마침내 도달하고자 하는 곳은 흐르는 모든 물체의 천국인 바다야. 그래서 인간에게 기꺼이 섭취당하는 거야. 썩 유쾌하진 않지만 인간의 몸 안으로 들어가면 소변으로 배출된 다음 변기를 통과해 하수도 관을 지나 도시의 하수 시스템까지 갈 수 있거든. 거기에서 강물로 버려지면 최종적으로는 바다에 이르게 되지.

액체는 형태가 없어. 아무런 저항 없이 담고 있는 용기에 적응하는 거지. 어찌 보면 용기에 맞춘다기보다 비어 있는 공간을 채운다고 할 수 있어. 컵이나 병에 담기는 경우에는 안쪽 모양에 맞춰 자리를 잡고, 배관이나 호스를 통과할 때에는 원통 모양으로 흘러. 강이나 폭포를 보고 있으면 항상 똑같은 것 같지만 흐르는 물은 늘 새로운 물이야. 그래서 우리는 같은 강물에 두 번 들어갈 수 없다고 말하잖아. (물론 들어가는 사람도 항상 똑같진 않아.)

아무리 하찮은 액체류라도 한 지점에 머물기보다는 최대한 빨리 증발하고 싶어 해. 그리고 열기는 언제든지 도와줄 자세가 되어 있어. 증발하고 나면 액체는 더 이상 액체가 아니야. 기체가 되고 그다음엔 다시 액체 상태로 돌아오지.

액체류의 최대 적은 추위야. 추우면 액체는 얼고, 얼면 고체가 되거든. 언 상태로 긴 시간을 보낼 수도 있어. 하지만 언젠가는 녹고, 녹으면 바다를 향한 여정을 다시 시작해.

액체류는 기본적으로 흐르고 쏟아지려는 성향을 갖고 있지만, 이 세상 모든 생물체는 물을 저장하려고 해. 오렌지를 예로 들어 볼까? 오렌지는 껍질부터 과육까지 과즙, 즉 물을 품고 있어. 인간이나 동물도 마찬가지야. 혈관을 따라 흐르는 혈액만 봐도 알 수 있지. 가슴에 손을 얹어 봐. 심장이 피를 우리 몸 구석구석까지 보내기 위해 열심히 뛰고 있는 걸 느낄 수 있어. 언젠가 넘어져서 살짝 까진 피부 틈으로 피가 났던 기억은 누구에게나 있을 거야. 그때도 바다에서 멀리 떨어진 곳에서 피가 흐르고 있었을 테고, 다행히 상처는 금방 아물었을 거야.

액체는 물건이 아니야. 연필은 구체적인 하나의 사물이지. '그 연필 좀 건네 줘'와 '연필 하나만 건네 줘'에서 말하는 연필이 같은 연필은 아니지만, 상대방이 건네 받길 원하는 물건이 어떤 종류의 것인지는 잘 알 수 있어. 하지만 '액체'라는 단어를 말했을 때 이 단어가 가리키는 건 수만 가지일 수 있어. 물일 수도 있고 물감이나 휘발유, 수은일 수도 있지. 거꾸로 말하면 물, 물감, 휘발유, 수은의 공통점은 액체류라는 거야. '액체'라는 단어는 (동물, 음식, 장난감, 차처럼) 어느 한 종류의 물체 또는 그 물체의 한 가지 특징을 가리키는 말이야. 그러므로 이 단어는 유사한 특성을 가진 것들을 분류하는 데 유용하게 쓰이지. 우리는 '물과 물감, 휘발유와 수은은 모두 다른 물체를 적실 수 있다' 대신 '액체류는 다른 물체를 적실 수 있다'라고 말할 수 있어. 그런데 액체류는 어떻게 다른 물체를 적실 수 있는 걸까?

존재론적 질문:
액체냐 액체가 아니냐,
그것이 문제로다

과일의 경우 90%가 물이라고 하는데, 우리는 왜 과일을 액체가 아닌 고체라고 여길까?

다양한 분수 그림 모음

물대포

야자수

아가판서스

인간은 사물에 따라 다르게 나는 다양한 소리를 다양한 언어 표기로 나타내지. 예를 들어 '째깍째깍'은 시계 소리고, '빠지직'은 물건이 부서질 때 나는 소리야. '두근두근'은 심장이 뛰는 소리이고, '쾅'은 폭발음이지. 또 의성어는 관련된 사물 혹은 상황이 의미하는 바까지 표현할 수 있어. 따라서 '째깍째깍'은 시간의 흐름을, '빠지직'은 균열을, '두근두근'은 두근거림을, '쾅'은 갑작스럽게 발생한 큰일을 표현하는 거야.

자작나무

버드나무

분출

(노크 소리를 표현하는 '똑똑'과 같은) 고체에서 나는 소리를 나타내는 의성어, (바람 소리를 표현하는 '휭'과 같은) 기체에서 비롯되는 소리를 나타내는 의성어 그리고 액체의 소리를 나타내는 의성어는 각각 달라. 개인적으로 가장 마음에 드는 액체 관련 의성어는 물 튀기는 소리를 표현한 '첨벙첨벙'이나 물이 떨어지는 소리를 묘사한 '똑똑', 재채기에 침이 튀는 걸 표현한 '에취', 음료수를 마실 때 나는 소리를 나타내는 '꿀떡꿀떡' 등이 있어. 이 외에도 액체와 관련된 수많은 의성어가 존재하지. 빗소리, 파도 소리, 머리에 찬물이 떨어지는 소리, 마법 수프가 끓는 소리 등등.

깔때기

세상에는 다른 물체를 담는 많은 물건이 있어. 잼을 보관하는 잼 병, 물을 보관하는 물탱크, 흰자와 노른자(또는 병아리)를 품고 있는 달걀, 큰 인형 안에 작은 인형 안에 더 작은 인형이 들어 있는 마트료시카, 다양한 기사가 실려 있는 잡지, 보물이 들어 있는 보물단지, 물(그리고 지저분해 말하기 꺼려지는 다른 것들)이 들어 있는 변기 등이 그거야. 깔때기는 사실 이런 종류의 물건은 아니야. 엄밀히 말하면 아무것도 담지 못하니까. 깔때기는 무언가를 통과시키는 물건이지. 그 물건은 대부분 액체류이지만, 가루 형태나 고체류인 경우도 많아. 깔때기를 통과하는 모든 건 입구가 넓은 용기로부터 입구가 좁은 용기로 옮겨지지.

그동안 더하기 빼기를 해 볼까? 입구가 좁은 용기에 옮겨진 내용물의 양은 원래 입구가 넓은 용기에 담겨 있던 것과 같아. 만약 입구가 좁은 작은 용기들을 여러 개 사용했다면 그 모든 용기에 나눠 옮겨 담은 내용물의 총합은 이전 용기에 있던 것과 같을 거야. 상대적으로 작은 용기에 옮겨진 내용물을 보면 원래 용기에 있던 양이 예상보다 적었다는 생각이 들기도 해. 반대로 꽉 찬 작은 용기를 보고 있자면 내용물이 생각보다 많다고 느끼기도 하겠지. 용기를 여러 개 사용한 경우는 더 그래. 내용물을 조금씩 나눠 옮겼고, 내용물을 담은 용기 개수는 늘었기 때문이지. 깔때기를 가장 잘 표현하는 수학 부호는 등호(=)인 것 같아. 하지만 원래 용기의 내용물의 양과

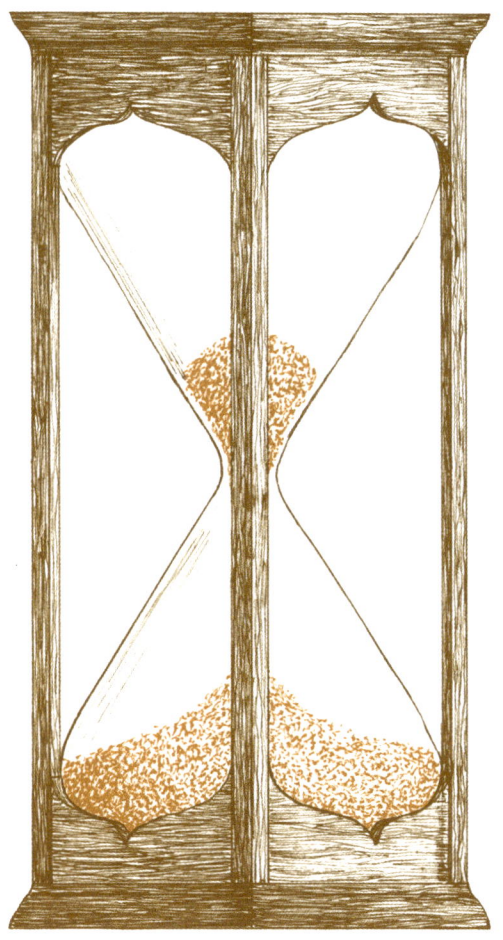

모든 것에는 끝이 있는 걸까?

옮겨 담을 용기의 용량 사이에 확실한 차이가 나는 경우엔 부등호로 나타낼 수도 있어.

여기서 깔때기의 수학과 물리학에 대해 잠깐 이야기해 보자. 깔때기에는 부피, 도형, 액체 역학과 같은 개념이 담겨 있기 때문이야. 깔때기를 통과하는 물체의 시간은 병목현상으로 정체된 상황에서 인식되는 시간과 비슷해. 들어갈 때는 속도를 줄이고 빠져나올 때는 속도를 높이니까. 감속 구간에서 발생하는 기다림을 즐기는 하나의 방법은 깔때기 안에 형성되는 소용돌이처럼 마법 같은 현상들을 유심히 지켜보는 거야. 아니면 우리 주변에 존재하는 수많은 깔때기들을 찾아보는 것도 좋겠지. 볼펜이나 젖병, 음료수 병에도 깔때기가 들어 있어. 케이크를 만들 때 쓰는 짤주머니에도 있고, 욕조 배수구에도 있고, 주사기나 치약 용기에도 들어 있어. 목구멍이랑 귀도 일종의 깔때기야. 트럼펫, 튜바, 트롬본은 또 어떨까? 모카포트 내부는 깔때기라고 할 수 없나? 확성기는? 모래시계는? 망원경은? 깔때기가 깔때기로서 존재하게 하는 건 무얼까? 형태일까 아니면 기능일까? 이런 질문에 답을 찾는 동안 정체 구간을 이미 빠져나왔을 거야.

그릴 때 필요한 도구:

깔때기

모래 또는 밀가루

빗자루

숟가락

삼각형으로 자른 종이의 양쪽 모서리를 잡고 말면 원뿔이 만들어져. 깔때기는 보통 두 개의 원뿔로 구성되지. 더 추가해도 되지만 그럴 필요는 없어. 중요한 건 구멍의 크기니까. 하나가 다른 하나보다 월등히 커야 해. 깔때기는 작은 구멍 쪽으로 갈수록 좁아지거든. 깔때기에 넣는 모든 게 깔때기를 빠져나가고 싶어 해. 액체라면 쉽게 빠져나가겠지? 고체는 작고 동그랄수록 유리할 테고. 깔때기 안 내용물의 움직임을 살펴보면 좋겠어. 원 또는 곡선을 그리며 내려가는 걸 확인할 수 있겠지. 조화롭고 아름다운 동력학적 움직임을 더 자세히 관찰하는 데에는 투명한 유리로 만들어진 깔때기가 제격이야. 위에서뿐만 아니라 측면에서도 볼 수 있기 때문이지. 거대한

깔때기 모양의 투명 분수를 상상해 봐. 물이 상승했다가 하강하는 기존의 분수대와 다르게 투명 깔때기 분수에서는 물이 깔때기 벽을 타고 흘러내린 뒤 소용돌이를 치며 밑으로 떨어지는 모습을 (소리도 들으면서) 감상할 수 있을 거야.

깔때기로 그린 그림

플랑드르 깔때기
미술 갤러리

실제로 존재하는 사물과 그 예술적 표현은 전혀 달라. 언어는 사물을 묘사하지. 시각적 이미지도 마찬가지야. 오토바이를 그린 그림과 '오토바이'라는 단어는 둘 다 부릉 소리를 크게 내며 두 바퀴로 달리는 원동기를 장착한 이륜자동차를 표현해. 하지만 오토바이 그림이 파란색 직사각형 표지판 안에 그려져 있으면 오토바이 주차장을 뜻하게 되지. 그리고 그 위에 비스듬하게 하얀 선이 그어져 있다면 '오토바이 통행 금지' 표지판이 돼. 이런 이미지들은 하나의 사물을 표현하는 것을 넘어 어떤 정보를 전달하고 있는 거야. 하지만 가끔 묘사하고 있는 사물과 전혀 연관 없는 정보가 담겨 있을 때도 있어. 예를 들어 여기 실린 그림들은 깔때기를 광기와 어리석음의 상징으로 그려 놓았지.

참고문헌 목록

(굳이 안 읽어도 되는 해설도 들어 있어.)

대부분의 사람들은 아는 것에 대해서만 쓰잖아. 나는 모르는 것에 대해 쓰고 싶었어. 그래서 칼럼을 쓰거나 강연 준비를 하거나 책을 집필할 때 즐거운 경험을 하고 있다고 생각하면서 일했어. 이 책을 쓰는 동안 새로운 걸 알아가는 건 당연했고, 전혀 다른 분야의 것들이라고 여겼던 책이나 저자 사이에 연결고리를 발견하기도 했지. 또 자신들이 가진 지식을 기꺼이 나누려는 사람들을 만났고, 친구들과 유익한 토론을 하기도 했어. 많은 책을 구입할 정당한 변명거리가 생겼고, 핑계를 대지 않고도 도서관이나 박물관에도 갈 수 있었지. 그러다 (아무리 하찮고 터무니없는 것이라도) 새로운 것을 발견하는 기쁨을 느낄 때면 정말 행복했어.

나는 쓰기 전에 먼저 읽는 것부터 시작해. 쓰는 사람이지만 항상 적게 쓰고 많이 읽으려고 하지. 내가 읽는 책은 대부분 쓰기 위해 꼭 읽어야 하는 책들이야. 가장 먼저 손에 집게 되는 책들이기도 하지. 하지만 어떤 책들은 내가 쓰려는 주제와 전혀 상관없을 때도 있어. 그래도 읽어야 해. 그 안에서 예상하지 못했던 도움을 받을 때가 많거든. 나는 이런 예측하기 어려운 독서를 가장 좋아하는 것 같아.

하지만 이 책은 좀 다른 방식으로 썼어. 엉덩이를 의자에 붙이고 더 많이, 더 오래 쓰려고 노력했지. 책을 읽으며 사전 조사하는 건 포기했고 도서관에 가지도 않았어. 웹서핑도 하지 않았지. 유일하게 했던 게 사전 찾아보기였어. (참고로 내 서재에는 정말 많은 사전이 꽂혀 있어.) 인터넷은 어떤 물건을 구성하는 요소들의 명칭을 알아보기 위해 혹은 종류를 알아보기 위해서만 아주 제

한적으로 사용했어. 이미 사용하는 단어가 있다면 새로운 걸 만들기 위해 고민할 필요 없이 그걸 찾아서 사용하는 게 맞다고 생각했기 때문이야. 예를 들어 우산의 구성 요소를 적으려면 인터넷 검색을 해야 했어. 우산의 구성 요소에는 우산 꼭지와 캐노피, 살대, 우산 띠, 중봉, 팁 등이 있다는 걸 검색을 통해 알게 됐지. 근데 이 정보는 지금 내 머릿속에만 있어. 결국 우산과 관련된 챕터는 이 책에서 뺐기 때문이야.

나는 이 책을 집필할 때 어릴 적에 글 쓰던 방식을 따라 하려고 했어. 학교 다닐 때 글짓기 숙제를 했던 것처럼 쓰려고 했지. 그때 선생님은 주어진 시간(누군가에게는 짧고 누군가에게는 길었던) 안에 자유롭게 글을 쓰라고 하셨었지. 이 책을 채우고 있는 글도 이런 방식으로 썼어.

40일이 조금 넘는 시간 동안 매일 수업을 듣는 것처럼 같은 시간에 컴퓨터 앞에 앉아 하나의 주제에 대해 글을 썼어. 글 쓰는 동안에는 아주 짧게만 쉬었지만, 가끔 머리를 식히려고 컴퓨터와 멀리 떨어진 곳으로 피신하기도 했어. 예전에는 한 번도 깊이 생각해 보지 않았던 사물들에 대해 생각하면서 대부분의 시간을 보냈어. 파리채, 나무 숟가락, 호루라기(우산과 마찬가지로 이 책에 넣지 못했어.)에 대해 생각했지. 그 물건을 손으로 직접 만져 보기도 하고, 그걸 들고 장난도 치면서 글을 썼어. 내 목표는 한 물건에 대한 글은 24시간 이내에 완성하는 것이었어. 물론 검토와 수정, 윤문은 그 시간에 포함되지 않아. 사실 나중에 퇴고하는 일이 초고를 쓰는 것보다 훨씬 많은 시간이 걸리거든.

다행히 내 글을 가장 먼저 읽고 조언을 해 준 마르타가 늘 곁에 있었어. 비평가 못지않게 냉정하게 평가한 마르타와 나를 꼭 닮은 사랑하는 딸 훌리아는 솔직한 조언을 아끼지 않았어. "아빠, 그건 여덟 살짜리 꼬마도 이해 못 할 거 같아."라고 거침없이 내게 말하곤 했지. 마찬가지로 내 생각에 거의 언제나 동의해 줬던 엘레나와 가장 열성적인 독자인 동시에 내 글을 아름답게 매만져 준 편집자인 베로니카 가예고 씨에게도 감사를 전하고 싶어. 내 글을 베로니카 씨가 보고 나면 캐서린 카바니야스 씨는 마지막으로 교정을 했어. 그리고 날카로운 눈으로 문장 하나하나를 분석하는 후안 크루즈 이헤라비데 씨가 바스크 지방의 에우스케라어로도 번역했지.

마지막으로 한 가지 짚고 넘어가야 할 게 있어. 이 책을 쓰기 전에 사전 조사를 하지 않았다는 게 내가 읽은 수많은 책에서 얻은 지식과 정보를 활용하지 않았다는 뜻은 아니야. 이 이상한 참고문헌 목록이 바로 그 증거야. 여기에는 I. 내가 찾아본 사전들과 II. (정말 시간 가는 줄 모르고 한 장 한 장 넘기며 즐겁게 읽었던) 사물 수업과 관련된 정보를 모아놓은 몇 권의 책과 PDF 자료들, III. 나에게 영감을 주었던 (어느 하나라도 빠뜨리고 싶지 않은) 책들, IV. 책에 삽입된 그림을 제작할 때 참고했던 (다양한 출처에서 발굴하고 찾아낸) 삽화들, V. 아직 읽을 기회가 없었지만 꼭 읽고 싶은 책들이 실려 있어. 덧붙여 VI. 어떤 책들은 내가 처음 이 책을 쓰려고 했을 때 목표했던 것들과 깊은 관련이 있어. 그러니까 이 참고문헌 목록은 미래에 자신의 개인적인 물건에 대해 글을 쓰게 될지도 모르는 용감한 독자들에게 매우 흥미로운 자료가 될 거라고 생각해.

I. 참고한 사전

1. Bosque, I. <Redes. Diccionario combinatorio del español contemporáneo(현대 스페인어 조합 사전)>, 2004.

새로운 단어의 조합을 찾아내는 데 유용하게 쓰일 수 있는 사전이야. 어떤 글을 쓰든 큰 도움이 될 거야. 일반적인 사전적 의미가 아닌 일상 용어와 의미상 밀접한 단어들(형용사, 동사 등)의 목록이 실려 있어. 예를 들어, '바보'라는 단어를 찾으면 '어리석다', '멍청하다', '못나다', '부족하다' 같은 연관어와 '지독한', '대단한', '엄청난', '둘도 없는'처럼 함께 쓰일 수 있는 표현도 제시해 줘.

2. Casares, J. <Diccionario ideológico de la lengua española(스페인어 사상 사전)>, 2007.

어휘가 아닌 아이디어를 다룬 사전이야. 존재하는 모든 유제품이나 트램과 관련된 일을 하는 사람들의 명칭에 대해 알고 싶다면 이 사전에서 이와 연관된 다양한 단어와 표현들을 발견할 수 있을 거야.

3. Corominas, J., J. A. Pascual. <Diccionario etimológico castellano e hispánico(스페인어 어원 사전)>, 1980.

우리가 사용하는 단어들은 어디에서 어떻게 생겨났을까? 어떻게 우리의 일상 용어에 편입됐을까? 원래 의미는 어떤 것이었을까? 이런 질문에 대한 답을 찾는 데 도움이 되는 사전이야. 총 여섯 권으로 되어 있는 이 사전은 단어의 기원에 흥미를 가진 이들에게 특히 더 유용할 거야.

4. Covarrubias, S. de. <Tesoro de la lengua castellana o española(스페인어의 보물들)>, 1995.

1611년에 처음 발간된 사전이야. 다양한 방법으로 읽히고 사용될 수 있지. 예를 들어 어떤 정의들은 하나의 단어에 대한 정의보다 동화처럼 읽히는 경험 자체가 매우 즐거웠어. 게다가 발간 당시의 시대상도 이 사전을 통해 알 수 있었지. 4세기 전 사람들은 어떤 생각을 했는지 짐작해 보면서 그때는 존재했는데 지금은 사라진 것들에 대한 (단어든 물건이든) 정보를 얻을 수 있어.

5. Backhausen, C., J. Ploug, J. Petersen, K. Larsen. <Diccionario ideográfico polígloto(다중 언어 사용자를 위한 표의 문자 사전)>, 1960.

16x12cm 크기의 이 사전은 410개의 삽화로 구성되어 있어. 각각의 그림은 하나의 주제 또는 상황, 이와 관련된 사물, 인물 그리고 그 외 요소들을 시각적으로 보여 주는 동시에 연관된 어휘 목록을 삽화 아래에 영어 및 불어 표현과 함께 정리해 뒀어.

6. Moliner, M. <Diccionario del uso del español(실용 스페인어 사전)>, 1998.

단어의 정의를 글로 정리하는 건 어려운 일이야. 이런 관점에서 이 사전이 제안하는 정의들은 더없이 우아하고 간결하며 지혜로 가득 차 있어. 그야말로 저자의 역량이 돋보이는 자료지. 예를 들어 'Regañina(꾸지람)'은 '가볍게 꾸짖는 말'이라고 정의 내리고, 동시에 'Regaño(꾸중)'에 대해서는 '단호히 반복적으로 꾸짖는 말'이라는 정의를 제시했어. 이렇게 각 단어가 갖는 서로 다른 뉘앙스 차이를 반영해서 세심하게 내린 정의를 제안하는 게 특징이야.

7. Real Adacemia Española(스페인 왕립 학술원). <Diccionario de la lengua española(스페인어 대사전)>, 2014.

좋아하는 사람이 많지 않은 사전이야. 지나치게 딱딱한 정의와 차가움이 느껴지는 문장은 이런 부류의 사전에 익숙하지 않은 사람들에게는 읽는 게 고역일 수 있어. 하지만 스페인 왕립 학술원에서 발간한 사전이니까 가장 객관적이고 공식적인 사전적 정의들이 실려 있다고 볼 수 있어.

II. <사물 수업>과 관련된 책들

(1) 스페인어로 발간되거나 번역된 작품

1. Alabart, L. <Preparación y Desarrollo de lecciones de cosas(사물 수업의 준비와 실행)>, 1934.
2. Colomb, G. <Lecciones de cosas en 650 grabados(650개 판화와 함께한 사물 수업)>, 1930.
3. Jolly, R. <Un curso de lecciones de cosas adaptadas a las estaciones del año(계절별 사물 수업)>, 1943.
4. Dalmau Carles, J. <Lecciones de cosas(사물 수업)>, 1936.
5. Llorca, A. <Cinematógrafo educativo(교육 영화관)>, 1910.
6. Llorca, A. <Más lecciones de cosas(더 깊은 사물 수업)>, 1912.
7. Llorca, A. <Cien lecciones prácticas de todas las materias y para niños de todos los grados de la escuela primaria(초등학생을 위한 전 과목 수업 100개)>, 1932.
8. Nualart, C.B. <Lecciones de cosas(사물 수업)>, 1921.
9. Marinello, M. <La mano del hombre(인간의 손)>, 1946.
10. Onieva, A. <Un curso de lecciones de cosas(사물 수업 시간)>, 1958.
11. Sheldon, E. A. <Lecciones de cosas(사물 수업)>, 1928.
12. Solana, E. <Lecciones de cosas(사물 수업)>, 1921.
13. Trillo Torrija, V. <Lecciones de cosas para párvulos(미취학 아동을 위한 사물 수업)>, 1963.

(2) 영어로 발간된 작품

1. Mayo, Elizabeth. <Lessons on Common Things: Their Origin, Nature and Uses. For the Use of Schools and Families>, Philadelphia: T. T. Ash., 1835.
Version digital: https://hdl.handle.net/2027/loc.ark:/13960/t03x8w869
2. Mayo, Elizabeth. <Lessons on Common Things for the Use of Schools and Families>, Philadelphia: J. B. Lipincott & Co., 1857.
Version digital: http://www.archive.org/

details/lessonsoncommont00mao

3. Mayo, Elizabeth. <Lessons on Shells as Given in a Pestalozzian School at Cheam, Surrey>, New York: Charles J. Folsom., 1842. Version digital: https://archive.org/details/onshellslessonsa00mayorich

(3) 사물 수업 및 현대적 적용에 대한 이론서

1. Carter, S. A. <Object Lessons: Hotu Nineteenth-Century Americans Learned to Make Sense of the Material World>, Oxford: Oxford University Press, 2018.
2. Harni, P. <Object Categories>, Helsinki: Aalto University, 2010.
3. Loudon, G. <Object Lessons>, Londres: Ridinghouse, 2015.
4. MacGregor, N. <La historia del mundo en 100 objetos(100개의 사물로 보는 세계사)>, 2012.

(4) 사물 수업이 아닌 사물에 대한 이론서

1. Bodei, R. <La vida de las cosas(사물의 생애)>, 2013.
2. Coccia, E. <El bien de las cosas(사물의 선[善])>, 2015.
3. Dewey, J. <Cómo pensamos(인간은 어떻게 생각하는가)>, 2007.
4. Foucault, M. <La arqueología del saber(지식의 고고학)>, 2010.
5. Foucault, M. <Las palabras y las cosas(말과 사물)>, 2010.

Ⅲ. 내게 영감을 줬을 수도 있는 책들

(1) 운전대와 관련해서:

1. Pérez Hernando, F. <Conducir es fácil(운전은 쉽다)>, 2012.

종종 책이 어떻게 탄생하는지 가까이서 지켜볼 기회를 갖게 되는 행운이 찾아오기도 해. 운 좋게도 이 앨범 형식의 책이 만들어지는 과정도 볼 수 있었어. 그때 처음으로 운전대를 유심히 관찰하기 시작했지. 그 후 자동차를 탈 때는 항상 운전대를 가장 먼저 보게 됐어.

(2) 벽돌과 관련해서:

1. Sennet, R. <El artesano(장인)>, 2009.

정교하게 쓰인 이 책은 벽돌에 관한 책이야. 구체적으로 어떤 내용이었는지는 다 기억나지 않아. 벽돌에 대해 쓸 때 이 책을 들여다보고 싶은 유혹에 빠지기도 했지만 결국 그렇게 하지 않았어.

(3) 파리채와 관련해서:

1. Luciano de Samósata. <Obras(작품들)>, 1981.
2. Hiriart, H. <Disertación sobre las telarañas(거미줄에 대한 논문)>, 1993.
3. VV.AA. <De la mosca y su utilidad(파리와 그

107

유용성에 대하여)>, 2024.

파리채에 관해 쓸 때 내게 가장 많은 영감을 준 건 첫 번째, 두 번째 책에 포함된 "파리 찬가"라는 글이야. 세 번째 책에도 소제목은 다르지만 비슷한 내용이 실려 있어. 불행히도 기억이 가물가물해 지금은 정확히 어떤 글이었는지 잘 생각이 나질 않아. 하지만 이와 무관하게 위 저자들과 세 번째 책을 출간한 출판사 Media Vaca의 비센테 페레르 편집자에게 박수를 보내고 싶어. 한 명은 어느 유명한 조각가의 제자이자, 2세기 로마제국 시대의 가장 위대한 희극 작가 중 한 명이었고, 다른 한 명은 언제나 논란의 중심에 있는 멕시코의 작가야. 마지막으로 페레르 편집자는 날카로운 시선으로 책을 집필하고 편찬하는 전문가라고 할 수 있어. 모두 파리를 아주 특별한 존재로 여긴 듯해.

(4) 화병과 관련해서:

1. Heny, C. <Las flores de Cocuy(코쿠이의 꽃들)>, 2003.
2. Richie, D. <El libro de los maestros del ikebana(이케바나 장인들에 대한 책)>, 1968.

아주 어렸을 적에 이케바나에 대한 책을 본 기억이 있어. 아마 여섯 살이었던 것 같아. 내용에 적잖이 놀랐어. 예쁜 무늬의 책 표지는 다양한 질감의 천으로 싸여 있었고, 튼튼한 상자 안에 책이 보관되어 있었지. 사진과 그림도 많이 실려 있었어. 하지만 나를 놀라게 했던 건 책의 내용이나 보관 상태가 아니라 이케바나 기술이었어. 꽃꽂이가 그토록 섬세하고 간결하고 어려운 예술이라는 사실에 정말 놀랐어.

(5) 나무 숟가락과 관련해서:

1. Wilson, B. <La importancia del tenedor(포크의 중요성)>, 2013.

포크, 분쇄기, 커피메이커, 프라이팬, 오븐, 냉장고… 그리고 나무 숟가락에 대한 매우 흥미로운 책이야. 이 책의 핵심은 우리가 사용하는 도구가 우리가 먹는 음식, 조리법, 심지어 먹는 방법에도 영향을 미친다는 거야. 이 주제에 관심이 있는 사람들에게 내가 <라레체¡La leche!>라는 잡지에서 했던 저자와의 인터뷰를 찾아보라고 권하고 싶어. 식품의 역사에 대한 특별호였는데, 아프가니스탄에서 지금 무엇이 일어나고 있는가에 대한 답도 발견할 수 있을 거야.

(6) 연필과 관련해서:

유튜브에 찾아보면 경제학자이자 노벨상 수상자인 밀턴 프리드먼의 영상이 하나 있어. 이 영상에서 프리드먼은 연필을 생산하기 위해서는 얼마나 수많은 사람들의 노력이 필요한 것인가에 대해 이야기하고 있어. 나는 이 영상을 어릴 때 봤어. 아직 인터넷이나 유튜브가 존재하지 않았던 시절에 봤던 거지. 그리고 그 잔상이 지금까지 남아 있어. 영상의 제목은 "시장의 힘: 연필 한 자루에 담긴 역사"야. 사물 수업의 표본이라고 불릴만한 자료니까 꼭 찾아봐. 링크는 https://youtu.be/67tH-tpac5ws?si=cEVxEglOO3T3_r9u

IV. 삽화 제작에 영감을 준 책, 이미지 그리고 사람들

표지 디자인 아이디어는 라이트 아트의 거장인 카를로스 크루스 디에스의 작품에서 비롯됐어.

"단추로 목걸이를 만들어 봐!"의 삽화는 카롤리나 홈즈의 공예품에서 영감을 얻었어.

"단추의 재료와 단추를 만드는 장인들"의 삽화는 A. Telese Compte와 E. Niedermaier의 책 <예술과 직업을 묘사한 카탈루냐의 타일> 속 직업의 묘사 부분에서 착안했어.

"아주 잠깐 존재하는 단추 박물관"의 삽화를 제작하는 데 도움이 된 건 알리시아, 암빠로, 아나 루이사, 호세, 호세 마리아 등 내 주변의 수많은 지인들이 가지고 있던 단추 사진들이야.

존재 불가능한 운전대들의 삽화는 <존재 불가능한 사물 카탈로그>의 Jacques Carelman에 바치는 오마주야.

"나만의 서킷을 완성해 보자" 부분에 들어간 삽화는 내가 어릴 적 좋아했던 시리얼 박스 뒤에 있던 그림 놀이를 기억해서 제작되었지.

"올림픽 구기 종목과 이에 사용되는 갖가지 공들"의 삽화는 1972년 뮌헨 올림픽 때 사용된 Otl Aicher와 Gerhard Joksch의 픽토그램에서 영감을 얻었어.

"프리스비의 해부학"의 삽화는 1983년 스페인 국가체육회에 Enrique Martinez Rodriguez가 제출한 논문 '자연 속 활동으로서의 프리스비'에서 가지고 왔어.

"이것은 프리스비가 아니라 미확인비행물체야"의 삽화 아이디어는 D. Clark의 저서 <UFO Drawing from the National Archives>에서 얻었어.

"주사위로 배우는 확률"의 삽화는 지금은 기억나지 않는 어떤 블로그에서 영감을 받아 제작되었어. (블로그 주인께는 심심한 사과 인사를 보내고 싶어.)

"6! = 720개의 서로 다른 얼굴을 그려 보자" 부분의 그림은 초등학교 고학년 시절 내가 공책에 수도 없이 그렸던 어떤 그림을 기억해 내서 제작했어.

"거위가 있는 보드 게임"은 Ma.josé Martínez de Parga의 책 <거위 게임: 놀이, 이미지, 상징>과 <거위 게임> 엑스포의 카탈로그에서 아이디어를 얻었어.

"기하학적 벽돌 패턴"의 삽화는 마드리드의 다양한 공간들, 라라티나 지역부터 아토차 역 부근과 실라망카, 추에카와 같은 여러 지역의 풍경을 찍은 사진에서 영감을 얻었어.

"당신만의 동전을 디자인하기 위해 알아야 할 모든 것"의 삽화는 여러 블로그를 참고해서 제작되었어.

"작은 저금통에서 큰 저금통으로 돈을 옮겨 주는 기계"의 삽화는 골드버그 기계에서 영감을 얻었어. 특히 스페인의 여러 만화가들이 그린 <테베오의 위대한 발명품들>이라는 작품 속 코펜하겐에서 온 프란스 교수가 설계한 유사 모델을 참고했어.

"꼬아서, 땋아서 또는 엮어서 만든 것들" 부분에 보이는 나무 삽화는 David Byrne의 <수목원>과 Manuel Lima의 <The Book of Trees. Visualizing Branches of Knowledge>를 읽고 생각해 낸 거야.

"적을 알자"의 삽화를 제작하는 데에는 <영리한 곤충들>의 저자인 곤충학자 Jairo Robla의 조언이 결정적이었어. 아는 사이는 아니었지만 내 질문에 성실히 대답해 주었어.

"파리 잡기를 통한 선禪 수행"은 오이겐 헤리겔의 고전 <마음을 쏘다, 활>을 풍자해서 썼어.

"비누로 부적을 만들어 보자"의 삽화는 토리노 이집트박물관이 편찬한 <Amuleti dell'Antico Egitto>에서 아이디어를 얻었어. 이 과정에서 부적의 이름들을 스페인어로 번역하는 데 도움을 준 이집트 전문가 Lucía Díaz-Iglesias 교수에게 감사의 말을 전하고 싶어.

"나무 숟가락 사용법"의 삽화는 10대 시절 읽었던 <시계 태엽 감는 방법>, <눈물 흘리는 방법>, <계단을 오르는 방법> 같은 훌리오 코르타사르의 여러 글들에서 영감을 얻었어. 모두 미노타우로 출판사에서 하나로 묶어 편찬한 멋진 책에 포함되어 있었지. 이 책을 누군가에게 빌려 준 기억이 있는데, 나중에 돌려받지 못했어.

"숟가락 숲"의 내용은 1980년 르몽드 지에 미셸 푸코가 한 어떤 인터뷰를 읽고 썼어. 인터뷰 제목은 '가면을 쓴 철학자'였는데 스페인어 번역본은 2022년 1월 26일 lobosuelto.com이라는 사이트에 게재되었어.

"존재론적 질문: 액체냐 액체가 아니냐, 그것이 문제로다"의 내용과 그림은 밀라노의 암브로시아나 도서관에 있는 카라바지오의 정물화 '과일 바구니'에서 영감을 얻었어.

"다양한 분수 그림 모음"은 <Fuochi d'artificio. Catalogo ilustrato>에 포함된 Jinta Hirayama의 판화에서 아이디어를 착안해 제작되었어. 이 외에도 David Caralt의 저서 <물빛>과 José M. García Rodríguez의 책 <빛나는 분수와 물빛 극장들>도 참고했어.

죽음의 신과 모래시계 삽화는 피카소를 포함한 여러 예술가들의 종교적 그림 또는 종교적 상징에 대한 회화에서 영감을 얻었어. 사울 스타인버그의 연작 그림에서도 아이디어를 얻었지. 또한 고아에서 발견된 구석기 시대 벽화에서도 디자인적 모티프를 차용했어.

"플랑드르 깔때기 미술 갤러리"에서 그린 삽화들은 히에로니무스 보스의 회화를 비튼 것들이야. 원쪽 위의 그림은 예일대 갤러리에 전시된 '탐식과 정욕의 알레고리'를 바탕으로, 오른쪽 상단의 그림은 프라도 미술관에 있는 '돌 수술'을 바탕으로 그려졌어. 양쪽 끝의 그림은 '성 안토니우스의 유혹'의 몇 부분에 기반해 그려졌지. 그리고 오른쪽 페이지의 왼쪽 부분에 있는 그림은 프랑크푸르트에 있는 슈테델 미술관에 걸려 있는 '에케 호모'라는 작품을 참고했어.

책의 말미에 있는 광고 부분은 1956년에 삽화가 Cesc가 제작한 <Auca Dia del Llibre>와 거의 흡사해.

V. 아직 읽지 않았지만 언젠가 꼭 읽고 싶은 책

(1) 단추와 관련해서:
1. Bailey, G. <Buttons & Fasteners. 500BC-AD1840>, 2004.
2. Macías, F., J. Companys. <Botones civiles españoles. Siglos XVII-XIX(스페인 민간인 복장의 단추들. 17세기부터 19세기까지)>, 2016.

나는 단추의 세계에 대해서 완전 무지했어. 단추를 수집하는 일, 연구하는 일에 대한 관심이 전혀 없었던 거지. 이 책들은 좋은 입문서가 될 것 같아. 이 사이트(Botonesantiguos.es)도 마찬가지야.

(2) 공과 관련해서:
1. De Ambrosio, M. <El deportista científico(운동선수들의 과학)>, 2013.
축구의 물리학에 대한 책이야. 축구를 좋아하지 않는 사람도 재미있게 읽을 수 있을 것 같아.

(3) 프리스비와 관련해서:
1. Clarke, D. <UFO Drawings from the National Archives>, 2017.
프리스비에 대해 쓰면서 프리스비 놀이의 확산이 어쩌면 입에서부터 입으로 퍼진 유에프오에 대한 이야기와 연관이 있지 않을까 궁금했어. 이 질문에 대한 답은 가지고 있지 않아. 그런 의미에서 David Clarke의 책에 지대한 관심을 갖고 있어. 이 책에는 미확인비행물체를 봤다는 여러 사람들의 증언과 사진, 그림이 실려 있어. 그리고 이 자료는 영국 국방부에서 모두 보관하고 있는데, 이를 명령한 사람이 무려 윈스턴 처칠이라는 사실이 매우 흥미로워.

(4) 주사위와 관련해서:
1. Alfonso X. <Libro de los juegos, acedrex, dados e tablas; Ordenamiento de las tafurerías(놀이, 체스, 주사위와 보드게임에 대한 책)>, 2007.
알폰소 10세가 쓴 책이야. 도대체 한 나라의 국왕이, 그것도 "가장 지혜로운 왕"이라는 별명을 가진 왕이 주사위와 주사위를 이용해 할 수 있는 놀이들에 대해서 어떤 이야기를 하고 싶었던 걸까?
2. Gataker, Th. <Sobre la naturaleza y el uso

de los sorteos(운의 법칙과 활용)>, 2023.

운이란 무엇이고, 확률이란 무엇일까? 신은 주사위가 땅에 떨어지기 전에 어떤 숫자가 나올지 알까? 인간의 삶은 신의 주사위 놀이일까? 운과 자유는 서로 연결되어 있는 것일까? 17세기를 살았던 한 칼뱅주의자는 이 책에서 운에 대한 자신의 생각을 펼치고 있어. 그리고 그의 사유는 여전히 우리에게 많은 질문을 던지고 있어.

(5) 저금통과 관련해서:

1. Zelizer, V. <El significado social del dinero(돈의 사회적 의미)>, 2011.

어른들은 돈을 좋아해. 돈 때문에 걱정하고 항상 돈 생각만 하지. 하지만 이상하게도 아이들과 돈에 대해 이야기하는 건 불편하게 여겨. 언젠가 이 책과 유사한 돈을 주제로 한 책을 쓰고 싶어. 마침내 쓸 결심을 하고 나면 이 책을 제일 먼저 읽을 거야.

(6) 바구니와 관련해서:

1. Kuoni, B. <Cestería tradicional ibérica(이베리아 전통 바구니 가게)>, 1981.

2. Pallasmaa, J. <Animales arquitectos(건축가가 된 동물들)>, 2020.

한평생 지속한 연구의 결과물로 완성된 책들을 좋아해. 비그니아 쿠오니가 쓴 책이 그런 부류지. 정말 놀라운 작품이야. 그리고 둥지를 바구니로 보는 것이 맞는지에 대한 내 질문에 답하기 위해 <건축가가 된 동물들>도 읽고 싶어.

(7) 잭나이프(그리고 나무 숟가락)와 관련해서:

1. Lubkemann, C. <Talla en madera con la navaja suiza Victorinox(빅토리녹스 칼을 이용한 우드 카빙)>, 2017.

어렸을 때 이 책이 우리 집 서재에 있었더라면 얼마나 좋았을까.

(8) 액체류와 관련해서:

1. Ball, P. <H_2O>, 2008.

2. Miodownik, M. <Líquidos(액체)>, 2020.

언젠가 라디오에서 미오도닉 교수가 그의 저서에서 언급한 말을 들은 적이 있어. 미오도닉 교수는 비행기의 경우 날개를 본체에 고정하기 위해 나사를 사용하지도, 용접을 하지도 않는다고 했어. 비행기의 날개를 그 자리에 고정하는 데 사용되는 건 강력한 액체 접착제라고 했어. 그 말을 들은 후부터 그의 책을 읽고 싶어졌어.

(9) 깔때기와 관련해서:

1. Pérez Cossio, L. <Cómo se hace una fuente(분수는 어떻게 만들어지는가)>, 1934.

깔때기 모양의 분수를 만들어 보고 싶다는 생각을 한 적이 있어. 어쩌면 이 책이 내게 영감이 될 수도 있겠다 싶어. 만약 독자들 중 내게 도움이 될 만한 책을 아는 사람이 있다면 주저하지 말고 연락해 주길 바랄게.

VI. 네 주변의 사물에 대한 글을 쓰고 싶다면 도움이 될 수도 있는 책

1. Ponge, F. <Métodos(방법들)>, 2000.
2. Ponge, F. <La soñadora materia(꿈꾸는 물질)>, 2007.

사물은 말이 없어. 그래서 퐁주는 사물의 편에서 쓰고 무생물의 입장에서 세상을 바라봐. 이상한 작업이라는 게 분명하지만 동시에 흥미로워. 그리고 사물에 둘러싸여 살아가는 인간에 대해서도 다시금 생각하게 되지.

3. Schubiger, J. <Cuando el mundo era joven todavía(세상이 아직 젊었을 때)>, 1997.

처음인 것처럼 세상을 바라봐. 이 세계가 창조된 직후라 생각하고 바라봐. 생겨나지 않은 사물들이 많고, 우리 주변에 새롭게 나타날 물건들이 많다고 가정하고 이 세상을 바라봐. 인구가 지금보다 훨씬 적고, 법도 사회 규범도 초기 단계에 있다고 생각해 봐. 우리가 사는 세상은 과연 얼마나 다르게 보일까?

4. Petrignani, S. <Catálogo de juguetes(장난감 카탈로그)>, 2009.

살면서 가져 봤던 모든 장난감과 갖고 싶었지만 갖지 못한 장난감들을 추억해 봐. 장난감 하나하나에 관련된 경험과 기억이 생생하게 떠오를 거야. 그 과정이 진정한 사물 수업일 수 있어.

5. Morábito, F. <Caja de herramientas(도구함)>, 2009.

스폰지, 기름, 파이프, 칼… 파비오 모라비토의 글에서 이런 사물들은 생명을 얻고 우리를 매혹해. 일상의 평범한 물건들이 비범해지지.

6. Munari, B. <Fantasía(판타지아)>, 2018.

나무 또는 원에 대한 무나리 작가의 다른 책을 권할 수도 있지만, 이 책을 골랐어. 사실 무나리의 어떤 책이든 다 좋아. 무나리는 신선한 시선이 담긴 그림으로 독자를 깊은 사유의 길로 인도하는 강력한 힘을 가진 작가거든.

7. Perec, G. <Pensar/Clasificar(생각하기/분류하기)>, 2008.

놀이는 규칙을 전제로 해. 쓸모 있을 필요는 없고 재밌으면 되지. 지루하면 그만하면 돼. 놀이는 판타지와 현실 사이 어딘가에서 이루어지는 활동이야. 적어도 페렉은 그렇게 생각하고 있어.

혹시 나에게 권하고 싶은 책 있어?

메일로 알려 줘.
contacto@modernaselembudo.com

이 책이 마음에 들었니?

그러면 네가 좋아할 만한 다른 책들도 소개해 줄게. 만약 이 책이 마음에 들지 않았다면 지금 권하는 책도 좋아하지 않을 수 있어.

우리 출판사 책 중 가장 바보 같은 책: 엘레나 오드리오솔라의 〈콧물이 있어요〉 유명한 동요에 그림을 곁들인 책이야.

역사 속 재미난 이야기: 알레한드로 카소나, 리베로 힐, 엘레나 오드리오솔라의 〈전설의 꽃〉

다른 문화권과 다른 시대로부터 우리에게 전해진 감동적인 사랑과 비극, 영웅을 다룬 이야기는 물론 더 많은 사람들에게 읽혀야 마땅한 이야기가 담겨 있어. 한번 읽어 보지 않을래?

찰스 페로, 르프랑스 드 보몽트, 그림 형제, 엘레나 오드리오솔라의 〈들은 대로 이야기해 줄게〉

'빨간 망토' '장화 신은 고양이' '푸른 수염' '신데렐라' '미녀와 야수' 등 모두가 알고 있는 이야기를 가감 없이 원래 형태 그대로 서술한 책이야. 이 책은 너에게 색다르고 마법적인 독서 경험을 선사할 거야.

손으로 직접 만들며 읽는 책들:
로도린, 페르디, 엘레나 오드리오솔라의
〈곤봉으로 인형을 만들어 봐요〉

너만의 인형을 만들고 싶니? 어떤 도구를 써서
어떻게 만들어야 하는지 알고 있어?
이 책에는 너만의 인형극에 필요한 인형들을
만들 수 있는 방법이 담겨 있어.

타인의 이야기에 관심이 많다면: 피아, 훌리아나 살세도의
〈이게 나야!〉

어렸을 때 어떤 생각을 했는지, 또 어떤 것들에 관심을
가졌었는지 기억하니? 이 책의 그림들을 통해 세 살짜리
어린 여자아이가 바라보는 세상을 접해 봐.

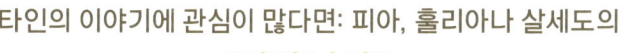

후안 크루스 이헤라비데, 엘레나 오드리오솔라의
〈뒷통수에 눈이 달렸어〉

어렸을 적 어른들이 하는 이야기가 너무너무 궁금했다면
이 책을 권할게. 네 현실과는 전혀 다른 듯 보이면서도 비슷한 세상이
이 책 안에 담겨 있어. 몰랐던 타인의 삶과 살아 보지 못한
시대를 경험해 보렴.

생각을 넓히고 나누고, 대화하고
철학적 사유를 하고자 하는 독자를 위한 책:
구스타보 푸에르타 레이스, 엘레나 오드리오솔라의
〈정반대의 감정들〉

이 책은 아마 네가 처음 접해 보는 종류의 책일 거야.
이 책이 보여 주는 일곱 명의 살아 있는 인간과 하나의 영혼 이야기를 통해
네가 어떤 감정을 느끼고, 왜 그런 감정을 느끼는지 좀 더 깊이 생각하는
기회를 가질 수 있을 거라 믿어.

글 구스타보 푸에르타 레이스 Gustavo Puerta Leisse

철학 교사, 편집자, 문학 평론가, 아동 문학 전문가. 그는 아동 문학 순회 학교를 설립했으며, 현재 어린이 문화 잡지 〈¡La Leche!〉의 편집자입니다. 그는 출판사〈Ediciones Modernas el Embudo〉의 공동 설립자입니다. 《정반대의 감정들 Sentimientos encontrados》은 그의 첫 번째 책입니다.

그림 엘레나 오드리오솔라 Elena Odriozola

1967년 스페인에서 태어났습니다. 화가인 아버지와 할아버지의 영향으로 어렸을 때부터 그림에 관심이 많았습니다. 장식미술을 공부하고 나서 1990년부터 광고업계에서 일하다가 동화를 쓰고 그림을 그리는 작가로 데뷔했습니다. 1997년부터 전문 그림 작가로 활동하고 있으며, 부드럽고 차분한 색조를 바탕으로 은은한 분위기를 만드는 여백을 잘 활용한다는 평을 받고 있습니다. 지금까지 50권이 넘는 어린이책에 그림을 그렸습니다. 수잔 챈들러의 《야채딱풀》, 스페인 국립 일러스트레이션 상에서 2등 상을 받은 카르멘 힐의 《노란궁전 하품공주》 등에 그림을 그렸으며, 직접 글을 쓰고 그림을 그린 책으로는 《바람의 마법사》가 있습니다. 책에 그림을 그리는 일은 책에 대한 완벽한 해석과 상상력을 바탕으로 작업해야 한다는 생각을 갖고 지금도 활발하게 작품 활동을 하고 있습니다.

수상경력은 다음과 같습니다.

2006년   IBBY 영예상
2006년   스페인 문화부 청소년 어린이 도서 최우수 일러스트 상 수상
2009년   Euskadi상
2010년   한국 CJ그림책상
2014년   국제 준세다 Junceda 상
2015년   브라티슬라바 일러스트레이션 비엔날레 Biennial of Illustration Bratislava 황금사과상
2015년   스페인 국가상 일러스트레이션 부문상
2020년   하얀 까마귀상 White Ravens

또한 2012, 2013, 2014, 2015, 2016, 2018, 2020, 2021, 2022, 2023년 아스트리드 린드그렌 기념상 후보에 올랐고 2018, 2020, 2022, 2024년 한스 크리스티안 안데르센상 후보에 올랐습니다.

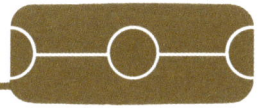

옮긴이 **주하선**

세상의 다양한 이야기에 관심이 많습니다. 우리가 사는 세상을 설명하고, 생각과 감정을 풍요롭게 하는 이야기가 언어의 장벽을 넘어 더 많은 이들에게 전해지기를 바라며 여러 책을 한국어와 스페인어로 번역했습니다. 《82년생 김지영》을 스페인어로 옮겨 2020년 대산문학상 번역상을 받았으며, 《우리가 빛의 속도로 갈 수 없다면》, 《풀》 등을 스페인어로, 《지구그래픽스》, 《세 개의 빛》, 《철학의 은유들》 등을 한국어로 옮겼습니다.

이 책을 처음 펴낸 날짜는 2024년 8월 24일이야. 기원후 79년, 같은 날 폼페이의 베수비오 화산이 폭발했어. 폼페이와 에르콜라노 사람들이 어떻게 살았는지는 화산 폭발 후 잿더미에 묻혀 있던 도시들이 고고학자들에 의해 발굴되면서 알려졌지. 이 발굴을 통해 폼페이와 에르콜라노의 황금기에 지어졌던 궁전과 극장, 빵집, 저택 등의 유적과 함께 그곳에서 일상을 누렸던 사람들의 이야기도 세상에 알려지게 됐어.

화산이 폭발하던 날에 대해 우리가 알고 있는 것 대부분은 소 플리니우스에게 빚지고 있어. 소 플리니우스는 화산 폭발이 일어난 날에 대해 편지를 써서 남겼거든. 아침에 보기 드문 크기와 모양의 구름을 발견한 소 플리니우스의 외삼촌, 대 플리니우스는 가까이에서 그 모습을 보고 싶어서 구름이 있는 방향으로 갔다고 해. 그런데 대 플리니우스는 화산 폭발로 파괴된 도시에서 도망치는 사람들을 구하기 위해 위험을 무릅쓰다 결국 목숨을 잃고 말았어.

대 플리니우스는 세계 최초의 백과사전인 《박물지 Naturalis Historia》라는 멋진 책 37권을 남겼어.

언젠가 너도 폼페이와 에르콜라노의 거리를 거닐 수 있기를 바랄게. 대 플리니우스가 남긴 책도 읽어 봤으면 해. 새롭고 놀라운 사물들과 그것들의 역사, 존재 가치에 대한 소중한 발견이 담긴 기록들이 너를 기다리고 있을 거야.

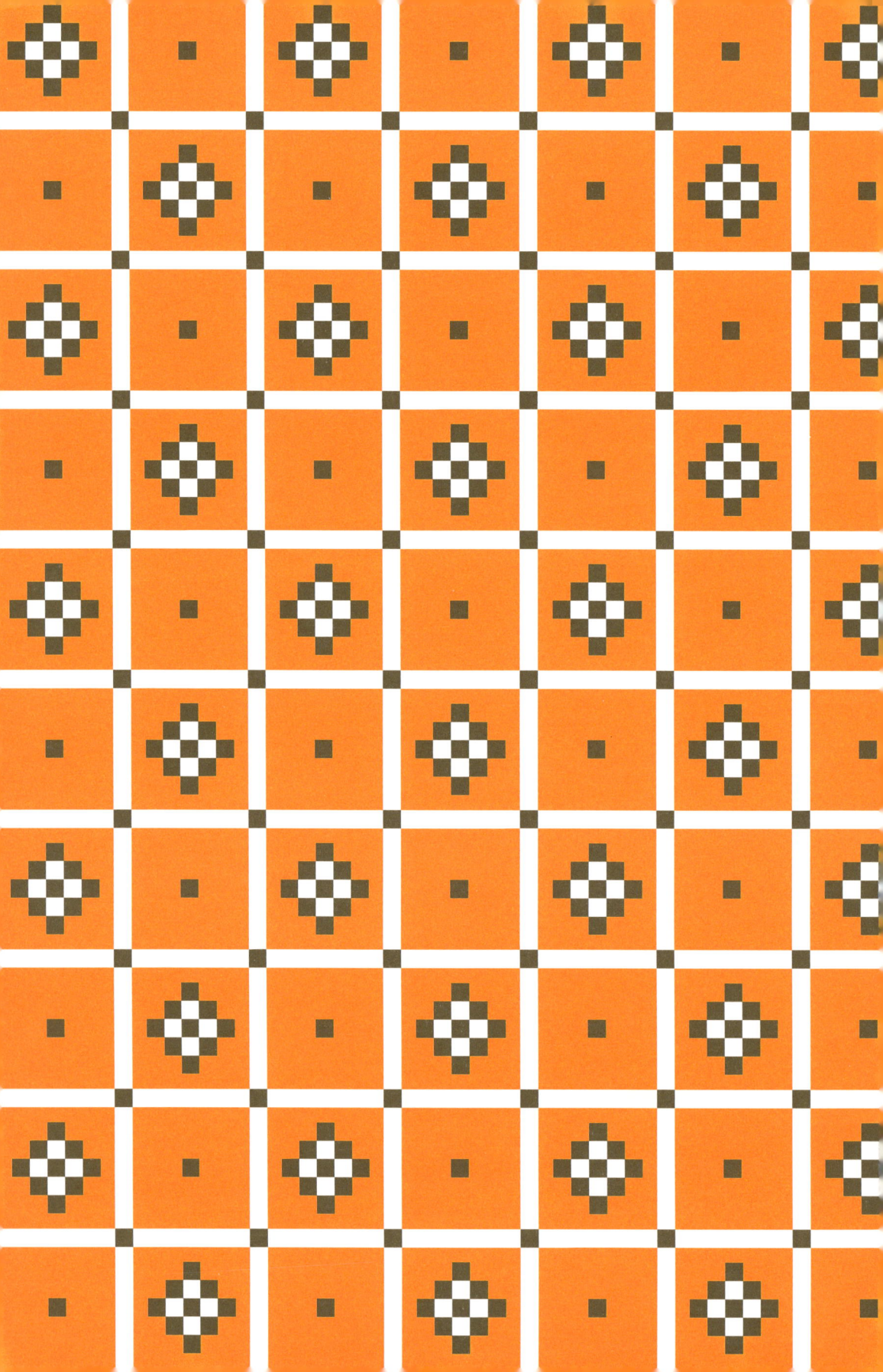